Prensip Pou Lavi Kretyèn Nan
Kou Debaz Lekòl Lidèchip la

Legliz Nazareyen
Rejyon Mezoamerik

**Karla Cordova
and
Monica Mastronardi**

Prensip Pou Lavi Kretyèn Nan
Liv seri "Lekòl Lidèchip" kou Debaz

Otè: Karla Cordova ak Dr. Mónica Mastronardi de Fernández

Editè Panyòl: Dr. Monica E. Mastronardi de Fernandez
Revizeur Panyòl: Dr. Ruben Fernandez
Tradiktè: Dezama Jeudi
Revizyonè: Enel Jean Joseph

Materyèl ki te pwodwi pa EDIKASYON AK DEVLOPMAN PASTORAL nan Legliz Nazareyen,
Mesoamerica Region - www.edunaz.org
ak
Ministères de la Formation de Disciples, Rev. Monte Cyr - Koòdonatè
www.Discipulado.MesoamericaRegion.org
www.MedfdiRessourses.MesoamericaRegion.org
Rev. Monte Cyr - Koòdonatè

Copyright © 2021 - Tout dwa yo rezève

ISBN: 978-1-63580-193-4

Repwodiksyon pasyèl oswa total, pa nenpòt mwayen, san pèmisyon ekri entèdi.
Edikasyon ak Devlopman Pastoral nan Legliz Nazareyen an, Rejyon Mesoamerica.
edunaz@mesoamericaregion.org

Tout tèks biblik yo soti nan Bib Vèsyon Jerizalèm nan korije nan
lane 1999, sèlman si yo endike yon lòt bagay.

Design: Juan Manuel Fernandez Design (jmfdesign@gmail.com)

Kouvri imaj pa: Josua Jordan
Kouvri imaj ak andedan paj nan kouvèti yo itilize avèk pèmisyon anba lisans pa Creative Commons.

Enprime nan Gwatemala

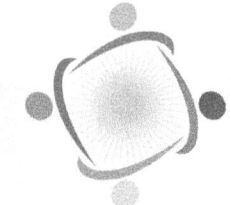

Tab Matyè

Leson 1	Kisa Adorasyon an ye?	11
Leson 2	Kisa Bib la ye?	19
Leson 3	Kilès Jezi ye?	27
Leson 4	Kilès Sentespri a ye?	35
Leson 5	Pou Kisa Mwen Bezwen Sove?	43
Leson 6	Kòman Mwen Kapab Vin Sanntifye?	51
Leson 7	Ki Objektif Legliz la?	59
Leson 8	Kisa Bib La Di Osijè De Avni An?	67

Prezantasyon

Seri liv **Lekòl Lidèchip** yo te fèt ak bi pou bay legliz la yon zouti pou fòmasyon, preparasyon ak antrènman ak manm li yo nan lòd pou ke aktivman yo entegre yo nan sèvis kretyen an daprè kado yo ak apèl la (vokasyon) ke yo te resevwa nan men Seyè yo a.

Chak nan liv yo bay materyèl etid pou kou pwogram **Lekòl Lidèchip** ke Enstitisyon Teyolojik nan rejyon Mesoamerika ofri nan legliz Nazareyen. Sa yo se: IBN (Cobán, Gwatemala); STN (Vil Gwatemala); SENAMEX (Vil nan peyi Meksik) ak SENDAS (San José, Costa Rica); SND (Santo Domingo, Repiblik Dominikèn) ak SETENAC (Lahavàn, Kiba). Yon bon kantite lidè nan enstitisyon sa yo (rèktè, direktè, vis-rèktè ak direktè nan syans desantralizasyon) aktivman patisipe nan la konsepsyon pwogram lan.

Lekòl Lidèchip la gen senk Kou Debaz ki komen nan tout ministè yo, ak sis kou espesyalize pou chak ministè, ke nan fen kou yo, Enstitisyon Teyolojik la bay elèv la yon sètifika (oswa diplòm) nan Ministè ke li Espesyalize a.

Objektif jeneral **Lekòl Lidèchip** la se: "Pou kolabore avèk legliz lokal la nan ekipe pèp Bondye a pou travay nan ministè a, simante yon konesans biblik ak teyolojik nan yo ki solid epi devlope yo lè y'ap egzèse kado yo pou sèvis nan kongregasyon lokal ak nan sosyete a". Objektif espesifik pwogram sa a se twa:

- Devlope kado yo nan ministè kongregasyon lokal la.

- Miltipliye ministè sèvis yo nan legliz la ak kominote a.

- Reveye vokasyon pou ministè pwofesyonèl ki divèsifye a.

Nou remèsye Dr. Mónica Mastronardi de Fernández pou devouman li kòm Editris Jeneral nan pwojè a, kowòdinatè rejyonal Ministè a ak ekip ekriven ak konseptè ki te kolabore sou pwojè sa a. Nou remèsye tou pwofesè ak monitè ki pral pataje materyèl sa yo. Yo pral fè yon diferans nan lavi dè milye de moun nan tout Mesoamerika.

Finalman, nou pa ka sispann remèsye Doktè L. Carlos Sáenz, Direktè Rejyonal RMA, pou sipò pèmanan li nan travay sa a, fwi nan kondanasyon yo sou bezwen priyorite pou yon legliz konplètman ekipe.

Nou priye pou benediksyon Bondye a pou tout disip yo ak tout disip yo ki gen lavi ak Sèvis kretyen yo pral vin rich ak liv sa yo.

Dr. Rubén E. Fernández
Kowòdonatè Edikasyon ak Devlopman Pastoral
Rejyon Mesoamerika

Ki sa ki Lekòl Lidèchip la?

Lekòl Lidèchip se yon pwogram edikasyon pou moun ki patisipe nan diferan espesyalite ministeryèl pou enplike yo nan misyon legliz lokal la. Pwogram sa a jere pa mwayen Enstitisyon teyolojik Legliz Nazareyen ki nan rejyon Mesoamerika epi anseye tou de nan katye jeneral yo ak legliz lokal ki anrejistre yo.

Pou Ki moun Lekòl Lidèchip la ye?

Pou tout manm nan plen kominyon nan legliz Nazareyen yo ki patisipe nan nivo Gras Ki Vini Avan An ak Gras Ki Sanntifye A - Kwasans nan Sentete nan pwogram fòmasyon disip la, yo vle ak tout kè yo pou dekouvri kado yo epi sèvi Bondye nan lèv li a.

Plan - Yon Cheminman Lagras

Pou kontribiye nan fòmasyon entegral manm legliz li yo, Legliz Nazareyen nan Rejyon Mesoamerika a te adopte plan fòmasyon disip Yon Cheminman Lagras a, e te kòmanse pibliye materyèl pou chak nan nivo sa yo. Lekòl Lidèchip la koresponn ak Nivo Gras Ki Sanntifye A - Devlopman Ministè a nan plan disip Yon Cheminman Lagras e li menm ki genyen kòm objektif, founi fòmasyon pou sèvis ministè yo nan legliz la.

YON CHEMINMAN LAGRAS

GRAS KI VINI AVAN AN	GRAS KI SOVE A	GRAS KI SANNTIFYE A		
"Se mwen menm ki Chemen an"	*"Se mwen menm ki Verite a"*	*"Se mwen menm ki Lavi a"*		
Bondye prepare chemen an devan nou. Li lonje men l ban nou epi li fè nou siy pou ke nou vini jwenn li, Li antrene nou nan yon relasyon ki plis pwofon avèk li. Gras sa a te deja vini avan repons nou yo epi an menm tan an tou, li pèmèt repons nou an.	Jezi ki se Kris la sove nou anba peche epi li kondwi nou vini nan verite a ... verite ki ban nou libète a. Nou resevwa kado gras ki sove a lè nou mete konfyans nou nan Bondye. Li rachte nou, epi li fè nou vin yon lòt kreyati epi li adopte nou nan fanmi li.	Lespri sen an ban nou fòs pou nou viv nan konsekrasyon konplètman devan Bondye. Gras ki sanntifye a kòmanse nan menm moman kote ke nou eksperimante lavi ki pap janm fini an. Men, sa a ap vini aprè yon kwasans espirityèl nan gras la, jouk, nan yon moman nan konsekrasyon konplèt ak abandon total devan Bondye, Bondye ap pirifye epi lave kè a.		
		Disip Ki Gen Matirite		
	Nouvo Kwayan	**KWASANS NAN SENTETE**	**DEVLOPMAN MINISTÈ A**	**EDIKASYON AK KWASANS KONTINYÈL POU LAVI AK SÈVIS**
Non Kwayan	**BATÈM AK MANM**	Soti nan manm pou rive Sanntifikasyon total ak angajman pou sèvi ak ministre.	Dekouvèt apèl la, ak devlopman kado ak talan yo — Lekòl Lidèchip	Kwasans total nan limaj Kris la
APWÒCHMAN Evanjelizasyon	Antrènman disip pou nouvo konvèti yo		**DEVLOPMAN PWOFESYONÈL** Fòmasyon espesyalize nan enstitisyon Teyolojik yo	

Nan Legliz Nazarèt la nou kwè ke fè disip nan imaj Kris la nan nasyon yo se fondasyon travay misyonè Legliz la ak responsablite pou lidèchip li (Efezyen 4: 7-16). Travay disip se yon misyon ki kontinyèl ak dinamik, sa vle di ke, fòmasyon disip la pa janm sispann grandi tankou nan men Seyè a. Pwosesis kwasans sa, lè li an sante, sa rive nan tout dimansyon: nan dimansyon endividyèl (kwasans espirityèl), nan dimansyon antrepriz la (enkòporasyon nan kongregasyon an), nan sentete lavi dimansyon (transfòmasyon pwogresis nan nou epi transfòme daprè modèl Jezikri a) ak nan dimansyon sèvis (envesti lavi nan minister a).

Dr. Mónica Mastronardi de Fernández
Editris Jeneral Liv Lekòl Lidèchip la

YON CHEMINMAN LAGRAS

Kòman pou itilize liv sa a?

Liv sa ou gen nan men ou lan se pou entwodiksyon kou a: Dekouvri Vokasyon mwen nan Kris la, soti nan pwogram lekòl lidèchip la. Objektif kou sa a se ede manm legliz Nazareyen yo pou dekouvri kado ak apèl ministeryèl yo, epi an menm tan ankouraje yo enskri nan Lekòl Lidèchip yo nan lòd pou fòme tèt yo nan sèvi Seyè a nan yon legliz lokal.

Kijan sa ki nan liv sa a òganize?

Chak nan wit leson nan liv sa a gen bagay sa yo ladan:

> **Objektif:** Sa yo se objektif aprantisaj ke elèv la sipoze reyalize nan fen etid leson an.

> **Lide prensipal yo:** Se yon rezime ansèyman kle leson an.

> **Devlopman leson an:** Se seksyon sa a ki pi gwo pliske li se devlopman sa ki nan leson yo. Leson sa yo te ekri panse ke liv la se pwofesè a, se poutèt sa ke kontni li yo eksprime dinamik, nan lang senp epi konekte ak lide yo nan mond kontanporen an.

> **Nòt ak Kòmantè yo:** Ankadreman ki genyen espas yo fèt avèk entansyon pou klarifye tèm ak bay nòt ke yo konplete oswa elaji kontni leson an.

> **Kesyon:** Pafwa kesyon separe yo enkli ke pwofesè a ka itilize, prezante, aplike, oswa ranfòse yon tèm leson an.

> **Kisa nou aprann?:** Nan yon bwat ki parèt nan fen devlopman leson an, bay yon rezime tou kout sou sa ke w te aprann nan.

> **Aktivite yo:** Sa a se yon paj final nan chak leson ki genyen aprantisaj endividyèl oswa an gwoup ki gen rapò ak sijè etidye a. Tan yo estime pou fin li yo nan klas la se 20 minit.

> **Evalyasyon final kou a:** Sa a se yon fèy papye ki nan dènye paj liv la epi yon fwa li fini, elèv la dwe separe ak liv la epi remèt monitè kou a li. Dire estimasyon pou aktivite ranfòsman final sa a se 15 minit.

Konbyen tan kou a pran?

Liv sa a te fèt konsa pou ke kou a te kapab anseye nan plizyè modalite diferan:

<u>Kòm yon kou ki genyen 8 sesyon:</u>

An total, 12 èdtan klas nan yon fas-a-fas repete, divize an 8 sesyon de 90-minit. Jou ak lè yo pral kowòdone pa chak Enstitisyon Teyolojik ak chak legliz oswa sant lokal etid yo. Nan èdtan edmi sa a monitè oubyen monitris la dwe gen aktivite ki nan liv la ladan li.

<u>Kòm yon atelye ki genyen 3 sesyon:</u>

- 90-minit sesyon plenyè (leson 1).

- Sis atelye 90 minit pou chak. Patisipan yo ap asiste youn nan atelye sa yo daprè kado ki pi fò yo (leson 2 a 7).

Dènye 90-minit plenyè (leson 8).

Egzanp sou fason pou distribye tan an pou yon atelye jou Samdi:

Atelye: Dekouvri vokasyon ou nan Kris la

8:00 am	Enskripsyon
8:30 a 10:00 am	Plenarya: Dekouvri kado espirityèl ou yo
10:00 a 10:30 am	Rekreyasyon
10:30 a 12:00 am	Atelye sou espesyalite ministeryèl yo
12:00 a 1:00 pm	Manje midi
1:00 a 2:30 pm	Plenyè, Ki wòl mwen nan kò Kris la?
2:30 a 3:00 pm	Rekreyasyon
3:00 a 4:00 pm	Prezantasyon Lekòl Lidèchip ak Pre-enskripsyon pou Kou Debaz yo.

Ki wòl elèv la?

Elèv la responsab pou:

1. Enskri nan kou a davans.
2. Jwenn liv la epi etidye chak leson anvan klas fas-a-fas la.
3. Toujou asiste klas ki genyen fas-a-fas la.
4. Patisipe nan aktivite klas la.
5. Patisipe nan pratik ministeryèl nan legliz lokal la andeyò klas la.
6. Ranpli evalyasyon final la epi remèt li bay monitè a.

Ki wòl pwofesè kou a?

Se pastè ki jibile ke Monitè ak monitris pou kou Lekòl lidèchip yo yo dwe ye, moun ki byen angaje nan misyon ak ministè legliz la ak de preferans ki gen eksperyans nan ministè a yo ki pou anseye. Se Direktè Lekòl Lidèchip legliz lokal la ki dwe envite yo (oswa Enstitisyon teyolojik) epi fonksyon yo se:

1. Prepare w depi davans lè w'ap etidye sa ki ekri nan liv la epi pwograme itilizasyon tan klas la. Lè w ap etidye leson an ou ta dwe gen yon Bib ak yon diksyonè nan men ou. Menm si nan leson an yo itilize yon vokabilè ki senp, li rekòmande pou "tradwi" sa yo ki konsidere difisil pou konpreyansyon elèv yo, sa vle di, mete leson an nan langaj ke yo kapab konprann pi byen.

2. Asire ke elèv yo etidye materyèl ki nan liv la epi reyalize objektif aprantisaj la.

3. Planifye ak akonpaye elèv yo nan aktivite pratik ministeryèl lan. Aktivite yo ta dwe pwograme ak planifye ak pastè legliz lokal/ direktè ministè respektif la. Pou aktivite sa yo, nou pa ta dwe retire nan tan klas yo.

4. Toujou konsidere asistans ak kalifikasyon yo nan fòmilè rapò klas la. Elèv la pral wè mwayèn final la oubyen rezilta a nan pwochèn aktivite yo:

   a. Travay nan klas
   b. Patisipasyon nan pratik ministeryèl andeyò klas la.
   c. Evalyasyon final.

5. Ranmase fèy "Evalyasyon" an, epi remèt yo ansanm ak "Rapò klas la", lè ke direktè/tris Lekòl Lidèchip lokal la mete fen, sa se aprè evalyasyon an, fèmen kontwòl la epi verifye ke tout done yo konplè nan fòmilè a.

6. Pwofesè yo pa ta dwe ajoute devwa etid oswa lekti apa de Kontni nan liv la. Si yo dwe kreyatif nan konsepsyon aktivite aprantisaj yo nan klas ak planifye aktivite ministeryèl ki pa nan klas dapre reyalite legliz lokal yo a avèk kontèks yo.

Ki jan yo anseye yon klas?

Li rekòmande pou sèvi ak 90 minit nan chak klas fas-a-fas nan fason sa a:

- **5 minit:** Rapèl sou sijè leson ki te deja pase a epi priye ansanm.

- **30 minit:** Revize ak diskisyon sou devlopman leson an. Li rekòmande pou itilize yon rechèch ki enprime, tablo oswa tablo afich oswa lòt ki disponib, lè w sèvi avèk dinamik nan aprantisaj ak medya vizyèl tankou grafik, desen, objè, foto, kesyon, anchaje elèv yo prezante yon pati nan leson an, elatriye. Li pa rekòmande pou itilize diskou a oswa fè pwofesè a li kontni leson an ankò.

- **5 minit:** Rekreyasyon an deja gen plas li nan mitan klas la oswa lè w reyalize ke li nesesè pou ou fè yon ti kanpe.

- **20 minit:** Travay sou aktivite yo ki nan liv la. Sa a ka fèt nan kòmansman an, nan mitan an oswa nan fen revizyon an, oubyen nou kapab kontinye ap konplete aktivite jan sa ap avanse nan sijè yo ak jan yo gen rapò ant youn avèk lòt.

- **20 minit:** Diskisyon sou pratik ministeryèl ke yo te fè epi yo pral genyen. Nan kòmansman kou a, w'ap gen pou w prezante pratik kou a bay elèv yo pou ke yo kapab fè aranjman pou yo ale. Nan klas kote yo te deja pale sou pratik ke yo te deja fè a, konvèsasyon an dwe fèt nan yon fason pou ke elèv yo pataje sa yo te aprann; ni sou siksè yo ak echèk yo, osi byen ke difikilte yo te rankontre.

- **10 minit:** Lapriyè pou pwoblèm ki rive nan pratik (defi, moun, pwoblèm, objektif, remèsiman pou rezilta yo, ak anpil lòt bagay ankò).

Ki jan yo fè evalyasyon final kou a?

Bay elèv yo 15 minit tan nan dènye klas la nan kou a. Si sa nesesè, yo kapab konsilte liv yo ak Bib yo. Evalyasyon final yo te elabore nan lide pou ranfòse aprantisaj kou a epi se pa yon repetisyon memwa kontni liv la. Sa ki pwopoze avèk evalyasyon sa a se mezire konpreyansyon ak apresyasyon elèv yo anvè tèm ki trete yo, kwasans espirityèl yo, pwogrè yo nan angajman misyon legliz lokal la ak avansman li nan eksperyans ministeryèl yo.

Aktivite pratik ministeryèl

Sa yo se aktivite ki sijere pou pratik ministeryèl ki pa fèt andeyò klas la.

Nan lis ki anba a, genyen 2 sijesyon ki enkli pou chak 6 espesyalite ministeryèl, se nan lòd pou ede pwofesè, pastè, direktè lekòl lokal lidèchip ak direktè lokal nan ministè a. Pami yo, li kapab chwazi sa ki plis adapte yo ak koutim reyalite a nan kontèks ministè a nan legliz lokal la oswa li kapab ranplase pa yon lòt selon bezwen ak posiblite. Aprè premye leson an, elèv yo ka gwoupe selon kado ki pi fò yo nan 6 espesyalite ministeryèl yo. Li rekòmande pou nou planifye 6 aktivite ministeryèl, youn pou chak gwoup elèv sa yo. Objektif aktivite sa yo pral enplike angaje yo nan yon nouvo eksperyans ministeryèl daprè vokasyon yo.

Si ou chwazi modalite kou a nan 8 sesyon ou ka pran randevou pou yonn oswa de pratik nan mitan semèn nan.

Si ou chwazi modèl atelye a, nou rekòmande pou w fè yon pratik ministeryèl nan fen kou a nan semèn sa a oswa si atelye a pran plas nan de wikenn pou planifye yon pratik nan mitan.

Aktivite materyèl ki sigjere pou Prensip Pou Lavi Kretyèn Nan

1. Pandan tout tan ke kou a dire a, chak etidyan ap fè fòmasyon disip pou yon nouvo kwayan avèk leson ki gen pou tit Nouvo Lavi nan Kris la (Nivo Gras ki Sove a nan Plan Yon Cheminman Lagras).

2. Yon komite etidyan pral elabore yon plan pou yo reyafime atik lafwa legliz Nazareyen yo pandan sèvis yo nan yon fason ki byen enteresan, pandan ke y'ap itilize resous ak talan ki disponib yo.

3. Trase yon envitasyon pou yon aktivite evanjelistik sou tèm, Kilès Jezi ye ? Li kapab yon jèn de priyè, yon kafe nan yon aprè midi, yon soupe, oubyen yon lòt bagay. (Aktivite sa kapab melanje avèk pwen 4 ak 5).

4. Envite plizyè fanmi, zanmi ak vwazen nan aktivite evanjelistik la pandan ke w'ap itilize envitasyon (pwen 3). Pou fè li plis enteresan, kòmanse pandan ke w'ap poze yon kesyon ki se "Kilès Jezi ye". Pran nòt sou kesyon yo epi aprè sa, itilize yo kòm gid pou tèm ki gen pou debat nan aktivite a.

5. Reyalize yon aktivite evanjelistik avèk mizik avèk /oubyen festival liv ak mesaj evanjelistik sou tèm Kilès Jezi ye? (Aktivite sa kapab konplete avèk sa ki sigjere nan pwen 3 ak 4 yo).

6. Oganize yon konkou desen pou ti moun sou tèm Ki objektif Legliz la?

7. Nan premye semèn kou a, yon ankèt pou moun ki nan kongregasyon yo pou idantifye moun ki pa gen eksperyans ranpli ak Sentespri yo. Aprè sa, pase yon mwa ap priye pou moun sa yo pou ke yo kapab sele ak pouvwa Bondye a.

8. Oganize yon tan retrèt espirityèl ki dire yon jou oubyen yon fen semèn pou priye ak aprann tèm sou: Kòman mwen kapab ranpli ak Sentespri a? Sa kapab yon aktivite avèk yon gwoup oubyen tout kongregasyon an. (Aktivite sa kapab konplete avèk pwen 7 la).

Leson 1

KISA ADORASYON AN YE ?

Objektif yo

- Idantifye ansèyman enkòrèk sou Bondye yo.
- Konnen ansèyman Bib la osijè de Bondye a.
- Apresye Bondye ki gen lanmou ki san tach la.

Lide Prensipal yo

- Bondye egziste epi li revele nan twa moun diferan: Papa, Pitit ak Sentespri a.
- Teyoloji a ede nou etidye anpil kalite enteresan osijè de Bondye nou an.
- De kalite ki plis enteresan yo nan karaktè Bondye se sentete ak lanmou.

Entwodiksyon

Kòman Bondye ye pou moun k'ap viv nan kominote kote w rete a?

Objektif leson sa se konnen tout verite fondamantal ke Bib la anseye osijè de Bondye. Nou dwe kòmanse pandan ke n'ap eklèsi ke pa genyen okenn moun ki kapab anglobe avèk kapasite limite li a yon konpreyansyon konplèt Kreyatè linivè a. Se pandan, Bib la bay ansèyman pou ke nou kapab konnen Bondye nou an ak pouvwa li ak plis eklèsisman epi konsa nou kapab apwoche ak antre nan relasyon avèk Li. Avèk èd teyolojik la nou pral etidye kilès Bondye ye?

Kisa teyoloji a ye? Teyoloji a se yon etid òdone ki baze li sou verite osijè de Bondye ak relasyon li avèk lòm, selon jan ke sa parèt devan nou nan Bib la. Teyoloji a se syans ki ede nou reponn kesyon ki plis enpòtan yo nan lavi: ki kote mwen sòti? Ki objektif mwen nan lavi?, ki kote mwen prale lè m mouri?, ak anpil lòt ankò. Teyoloji a tèlman nesesè pou lafwa kretyèn nan menm jan ak eskèlèt kò lòm. Kretyen an bezwen konnen ak konprann tout verite ke Pawòl la deklare nan yon fason kote ke yo kapab manifeste pi klè pou anseye ak viv yo ak defann yo.

Èske li se Bondye kretyen yo oubyen youn anplis pami lòt dye yo?

"Lavi ki p'ap janm fini an, se pou yo konnen ou, ou menm ki sèl Bondye tout bon an, ansanm ak moun ou voye a: Jezikri" (Jan 17:3 NIV).

Genyen anpil fo "dye" ke lèzòm kreye.

Nan Ansyen Testaman, nenpòt bagay oubyen moun ki te objè adorasyon, ki pat Seyè a, te konsidere kòm yon "zidòl", sa vle di ke yon bagay ki t'ap vòlò yon plas ki te korespònn a Bondye sèlman. Pwofèt Ansyen Testaman yo te denonse enbesilite moun sa yo ki te mete konfyans yo nan fo "dye" yo ki fèt ak men moun, ke lèzòm te kreye yo an fonksyon a nesesite ke yo genyen ak kapris egoyis yo.

Selon pwofesè Orton Wiley, idolatri se "bay onè diven a zidòl, imaj, oubyen nenpòt objè, men li kapab manifeste sou fòm gwo admirasyon, respè oubyen lanmou pou yon moun oubyen yon bagay".

Genyen kèk gwoup "kretyen" ki difize konsèp de yon "dye" ki nan sèvis lòm nan. "dye" sa a se youn ke yo kapab manipile pou satisfè dezi ke "sèvitè" li yo genyen. Genyen anpil lòt ki pote non "teyoloji pwosperite", yo menm yo konsidere Bondye ki genyen kòm priyorite l ki se bay "pwosperite ekonomik" a moun ki sèvi li ak adore li yo.

Gen lòt moun ki konvèti nan Bondye pou yo kapab resevwa èd sèlman pou moman nesesite, yon bagay ki tankou eswi vit machin yo, ke moun sonje sèlman lè gen lapli.

Poukisa moun yo prefere yon "dye" ki nan mezi yo olye pou yo konnen vrè Bondye a? Sa a se paske èt imen yo trè konfòtab pou yo prezante pwòp tèt yo tankou "bondye" yo, pandan y ap viv lavi yo tankou si Bondye pat egziste.

Pwoblèm lan se ke lè ke yo rekonèt ke gen yon Bondye kreyatè ak pwopriyetè tout bagay, yo ta dwe aksepte tou ke Bondye sa a se nan pwòp dwa yo, li se Chèf ak Seyè lavi yo epi rekonesans sa yo ta mennen yo chanje mòd de vi yo, yo pa kapab viv yon lavi gide pa kapris yo nan volonte yo.

Nan ti bout tan, moun ki refize egzistans Bondye oswa montre pa gen okenn enterè pou konnen vrè e sèl Bondye a, se paske yo pa vle asime responsablite yo devan èt Siprèm lan (Women 1: 28-29). Pou ke yon moun rive nan pwen pou l rekonèt Bondye kòm Seyè nan lavi li, gen plizyè obstak ke li dwe travèse:

- **Premye obstak la se admèt** ke Bondye egziste, ki difisil paske yo pa vle pèdi libète pou viv selon volonte yo ak plezi.

- **Dezyèm obstak la se rekonèt** ke Bondye souveren, kreyatè tout bagay (ki gen ladan èt imen). Li difisil paske li enplike aksepte ke Bondye gen kontwòl lavi a, epi li genyen pou l rann kont devan Bondye pou tout sa ke li fè avèk li.

- **Twazyèm obstak la se bay** Bondye sa sèlman Li menm merite pou li resevwa: adorasyon. Sa a enplike deplase sant adorasyon an nan nou menm pou bay Bondye li pito, men li difisil, pliske lòm nan toujou li vle pou yo rekonèt epi resevwa glwa.

Èt imen yo mal panse ke yo gen dwa pou jije, resevwa glwa, epi egzèse otorite oswa pouvwa sou pwòp lavi yo ak pa lòt moun. Itilize plas Bondye a, apwopriye dwa yo kòm Seyè ak Bondye, se menm tantasyon ke Satan te mete devan Adan ak Èv, lè li te pwovoke yo ak dezi pou "vin tankou Bondye" (Jenèz 3:4-5).

"Se mwen menm sèl ki Granmèt la, Seyè a. Pa gen lòt ki ka delivre nou pase mwen menm"! (Ezayi 43:11).

Bondye ak fo dye yo
Nan literati kretyèn ak nan Bib la, lè ke Bondye ekri ak gran lèt "D" majiskil, li fè referans ak sèl vrè Dye a, men lè li ekri avèk pi piti a ki se lèt "d" miniskil, li fè referans ak lòt fo dye yo ki pa vrè a, byenke genyen moun ki adore yo lè yo panse ke yo se vrè Dye a.

Lesson 1 - Kisa Adorasyon An Ye?

"Pa gen lòt Bondye ke mwen"

Pou etid sou Kilès Bondye ye a?
Ezayi 6: 1-7; 45: 20-23
Egzòd 3: 14-15
Detewonòm 33:27
Sòm 16: 2; 102: 27
Ezayi 45: 20-21
1 Jan 4: 7-1
1 Timote 1:17
Revelasyon 4:8

Bib la revele sèl ak vrè Bondye a.

Pwofèt Ezayi te fè konnen ke Jewova se sèl vrè Dye a, ki gen tout pouvwa, kreyatè syèl la ak latè a, Seyè a chèf ak Wa tout lòt wa yo. Ezayi 45: 21-22 di: *"Vin plede kòz nou! Mete tèt nou ansanm pou nou konnen sa nou pral di! Kilès moun ki te di davans sa ki gen pou rive a? Kilès ki te fè konnen sa depi lontan? Se pa t' mwen menm, Seyè a? Nanpwen lòt bondye pase mwen menm. Mwen se Bondye ki pa nan patipri. Se mwen ki ka delivre moun. Tounen vin jwenn mwen pou nou ka delivre, nou tout ki rete sou latè! Paske se mwen ki Bondye. Pa gen lòt!"*. Pwofèt la te fè deklarasyon sa a lè ke tout pèp Izrayèl la te vwazen ak yon bann moun ki te politeyis, sa vle di, yo te konn adore anpil lòt dye. Malerezman, Pèp Izrayèl la te tonbe nan peche sa a tou.

Ezayi anseye ke Bondye totalman diferan de "bondye" sa yo ke moun yo kreye ak men pa yo menm. Pou pèp sa yo, lide yon kreyatè, Bondye Toupwisan an, inik ak soutyen tout bagay ki egziste te difisil anpil pou aksepte. Se pou rezon ki fè yo te gen yon gwo kantite de fo dye ke yo te kaptire imaj ki sanble èt imen oswa bèt. Fo dye sa yo te gen menm bagay la tou tankou feblès imen ak defo, men adoratè yo kwè yo te pi "gwo" ak "pwisan" pase yo. Yo sètènman te vle reprezante yon "zidòl" ak anvi pou l "vin tankou dye yo", dezi ke Satan, sou fòm koulèv la te mete nan kè imen an depi nan jaden Edenn lan (Jenèz 3:4-5).

Bondye trinite a
"Nou kwè nan yon sèl Bondye etènèlman ki egziste epi li la pou toutan, Sovè nan linivè a; se sèlman Li menm ki se Bondye, Kreyatè ak administratè a, li sen nan nati, atribi ak objektif li; epi Li menm antan ke Bondye, li divize an twa pati nan sans li ke yo te revele kòm Papa, Pitit ak Sentespri a."
(Jenèz 1; Levitik 19: 2; Detewonòm 6:4-5; Ezayi 5:16; 6:1-7; 40:18-31; Matye 3:16- 17; 28:19-20; Jan 14:6-27; 1 Korentyen 8:6; 2 Korentyen 13:14; Galat 4:4-6; Efezyen 2:13- 18)". (Manyèl Legliz Nazareyen 2017-2021. Atik lafwa I).

Èske nou menm ki kretyen yo, nou politeyis pou sa pliske nou kwè nan yon Bondye ki divize an twa pèsòn?

Bondye revele tèt li an twa pèsòn?

Ansèyman Jezi Kris yo nan Levanjil selon Jan chapit 14 ak 16 yo itil pou konprann mistè Trinite a. Mèt la anseye ke gen yon Papa, yon Pitit ak yon Sentespri, ki egziste e ki gen rapò nan pafè kominyon, nan inite ak nan renmen, e ke twa moun sa yo se youn epi menm Bondye a. Gason ak fanm pa ka ale jwen Papa a (Filipyen 4:20), san yo pa an premye gen rapò ak Pitit la (Matye 1:21; Tit 1: 3), epi yo pa kapab gen rapò ak Pitit la, san yo pa depann de Sentespri a (Efezyen 2:18).

Pa gen dout ke verite sa a ki revele nan Ekriti yo ale pi lwen pase tout sa ke rezon kapab konprann, men sa pa vle di li pa vre. Li se yon reyalite ki kapab aksepte sèlman pa lafwa.

Papa a, Pitit la ak Sentespri a kolabore nan misyon pou sove èt imen soti nan peche yo. Yo toujou ap travay pote delivrans pou tout fanmi sou latè men yo pa janm fè li nan fòm endepandan, men kòm yon ekip epi dirije ministè a nan Legliz la.

Kilès Bondye ye?

Nou menm kretyen yo, èske se yon Bondye nou genyen oubyen twa Bondye?

Lè ou eseye dekri Bondye, ou dwe pale de nati li, sa vle di, atribi sa yo (karakteristik oswa kalite) se Li menm sèlman ki posede yo. Teyoloji òganize epi dekri karakteristik sa yo ki te rezime nan tablo ki anba la a:

Atribi Bondye	Deskripsyon	Pasaj Yo
Etènèl	Egzistans Bondye pat janm genyen yon kòmansman ak yon fen. Li se kòmansman ak final. Bondye te deja egziste depi avan istwa epi l'ap toujou egziste aprè li.	Jòb 36:26; Sòm 90:2, 102:25-27; Ezayi 40:4; 1 Timote 1:17; Revelasyon 1:8, 4:8.
Souveren ak kreyatè	Antan ke kreyatè ak sipòtè lavi, Bondye souveren, li genyen kontwòl ak dwa sou desten kreyasyon an.	Egzòd 3:14-15; Sòm 16:2; 115:3.
Omnisyan	Bondye genyen yon konesans ki pafè sou tout sa ki egziste, se poutèt sa, Li omnisyan. Bondye konnen tout bagay ki pase, tout bagay ki nan tan prezan ak tout evènman ki pral rive nan lavni yo. Li konnen sa ki pi fon nan kè moun ak lavi chak moun.	Detewonòm 2:7; Jòb 37:16; Pwovèb 2:5-7; Sòms 73:11; 81:14-15; 94:11; 104:24; 139:1-4; 147:5; Matye 11:21; Jak 1:15.
Omnipotan	Bondye gen tout pouvwa. Li pa genyen okenn limit devan pouvwa Bondye, Li kapab fè tout sa ke li vle, pa gen anyen ki enposib pou Bondye.	Jòb 37:23; Jeremi 32:17; Sòm 33:8-9.
Enchanjab	Bondye pa chanje, li pa varye. Bondye pa gen kapris, men pito li konstan nan lanmou ak objektif Sali a.	Malachi 3:6.
Omniprezan	Bondye tout kote an menm tan. Li ranpli tout bagay, pa genyen anyen ki egziste san prezans li. Pa genyen plas sou latè, nan lanmè a, syèl la oubyen lanfè kote yon moun kapab kouri lwen prezans Bondye. Sèlman pou Bondye ke atribi a ye, ni satan, ni zanj oubyen demon yo posede.	Jeremi 23:24; Sòm 139:7-12.
Espri	Bondye pa genyen yon kò fizik, li se espri epi Li envizib nan je nou.	Jan 4:24; Kolosyen 1:15; 1 Timote 1:17; Ebre 11:27.

Alfa ak Omega yo se premye ak dènye lèt nan alfabè grèk la se konsa ke lè Bondye di ke Li se Alfa ak Omega vle di li anvan tout lòt bagay epi li se aprè nan tout lòt bagay, sa vle di, Li se kòmansman tout bagay epi l'ap toujou fen nan tout bagay.

*Non **Jewova** a soti nan mo ebre hwh oubyen hyh (èt), epi li tradwi kòm "li menm ki se". Li fè referans ak letènite ak otonomi Bondye sou tout kreyasyon an. Li vle di tou "moun ki bay lavi a".*

*Mo **adonai** la soti nan lang Ebre ki vle di seyè, mèt, chèf. Bib la afime ke Bondye se mèt tout bagay e kidonk se pou sa ke li gen tout dwa pou l fè reklamasyon obeyisans enkondisyonèl nan men tout èt imen.*

Lesson 1 - Kisa Adorasyon An Ye?

Kijan karaktè Bondye ye?

De gwo kalite ki dekri karaktè Bondye se sentete ak lanmou.

Bondye se kreyatè ak sipòtè tout bagay nan linivè a epi l'ap chèche genyen yon kominyon avèk kreyati k'ap viv nan li yo. Bondye pa t abandone kreyasyon li (anseyman deyis yo); ni kite li san pran swen, pou ke tout bagay te vini tankou fwi evolisyon natirèl (tankou evolisyonis yo afime li), ni tou, li pa te distribiye kèk pati enèji pou fòme yon pati nan kreyasyon li a (tankou panteyis oswa Nouvo Laj la).

Bondye se yon moun ki gen yon karaktè ki plen ak kalite eksepsyonèl epi li vle pataje kalite manyifik sa yo ak pitit gason ak pitit fi li yo.

Ansyen Testaman an di ke Bondye sen, (an ebre, qadash). Sentete sa a se pa you nan plis nan kalite li yo, men pito, li konstitye karaktè esansyèl li (Levitik 19:2; Egzòd 15:1, Sòm 22:3; Jan 17:11). Sa vle di ke nou kapab rele Bondye "sen" nan menm fason ke nou rele li Bondye a, paske "sen se non li" (Ezayi 57:15; Lik 1:49; Revelasyon 4:8).

Bondye se sèl moun ki rete sen (Ezayi 6:1-7). Nan Ansyen Testaman tou yo te konn bay kalite sen an ak kèk kote, objè ak moun ki dedye pou sèvis Bondye a. Pa egzanp, Samdi se yon jou ki sen, paske Seyè a te mete li apa (Jenèz 2: 3; Egzòd 20:8) Mòn Siyon an te sen, paske Bondye te parèt devan Abraram (Sòm 2:6). Prèt yo te sen paske Bondye te mete yo apa pou sèvis sa a (Egzòd 28:41).

Lè ke Bib la afime ke Bondye sen, sa vle di ke Bondye pafè etikman ak moralman, e ke kalite li yo nan jistis, verite, fidelite ak entegrite yo absoli oswa pafè nan li. Bondye vle pou pitit li yo vin sen oubyen pafè menm jan avèk Li (1 Pyè 1:16; Matye 5:48).

Se Sentespri a ki pwodui sentete sa a nan disip Kris la pwogresif ki kòmanse nan moman konvèsyon an e apwofondi avèk li ranpli nan Lespri Bondye a nan viv apa pou Bondye (Filipyen 3:12; Kolosyen 1:28).

Pandan ke Ansyen Testaman an mete aksan sou sentete Bondye a, Nouvo Testaman souliye ke Bondye se lanmou. Nan 1 Jan 4: 8 li deklare ke Bondye se lanmou, sans moun ke li ye a menm se lanmou. Lanmou Bondye a se fòs ki deplase mond sa a ak pouvwa ki prezan epi ki motive tout bagay ke Li fè.

Malgre ke li sanble kontradiktwa, menm jijman l 'yo ak kòlè se rezilta lanmou li epi yo dirije yo nan direksyon tout bagay ki domaje kreyati li yo. Se poutèt sa, Pawòl la anseye ke Bondye rayi peche, men, Li renmen pechè a. Bondye ap toujou aji daprè sa ki dwat ak jis, li pral bay rekonpanse ak moun ki fè byen epi li pral pini moun ki fè sa ki mal yo.

Bondye voye Pitit li a nan mond lan pou montre lanmou li ak pou anseye Pitit gason l 'yo ak pitit fi renmen jan li renmen. Ki sa ki karakteristik yo nan lanmou Bondye? Se nan 1 Korentyen 13:4-7 nou jwenn repons kesyon sa a.

Lanmou ki soti nan Bondye …

1. Se soufri
2. Se bon manyè
3. Pa gen okenn jalouzi
4. Pa fè lwanj pou tèt li
5. Li pa ranpli ak ògèy
6. Pa fè anyen ki mal
7. Li pa egoyis
8. Pa renmen fache
9. Li pa gen yon move santiman
10. Pa pran plezi li nan enjistis
11. Li soufri tout kalite bagay
12. Kwè tout bagay
13. Tout ap tann
14. Li espere tout bagay

Yo rele kretyen yo aple pou yo kite lanmou sakre Bondye a grandi plis e plis nan yo menm. Objektif lavi kretyèn nan se matirite nan lanmou pou Bondye ak frè parèy nou, grandi nan bon jan kalite renmen sa se grandi nan sentete nan lavi. Objektif la se pou reyalize lanmou abondan ki te nan Jezi ki se Kris la ki te montre nou chemen lavi ki fè Papa a plezi a (Efezyen 4:15).

"Koute byen, nou menm pep Izrayèl! Seyè a, Bondye nou an, se li ki sèl mèt" sa se yon deklarasyon ki klè osijè de monoteyis, ki vle di ke se yon sèl Bondye ki genyen, ke Bondye se yon sèl la. Li se yon inite, pa genyen lòt ankò (Detewonòm 6: 4 VLS).

Kisa nou te aprann?

Teyoloji ede nou konnen sa Bib la anseye sou vrè e sèlman kreyatè Bondye a, sipòtè lavi ak souveren nan linivè a epi nan fason sa a kapab diferansye li fas ak lòt "bondye" ki te kreye pa èt imen yo. Bondye san, men li te parèt an twa pèsòn: Papa, Pitit ak Sentespri a.

Bondye se yon Bondye ki gen lanmou ki sen pou l sove moun soti nan pouvwa destriktif peche pou mennen yo nan lajwa ansanm ak li.

Aktivite yo

ENSTRIKSYON:

1. Mwen pral fè yon lis kèk zidòl ke moun yo jodi a.
   _____
   _____
   _____
   _____

2. Nan gwoup twa moun, se pou yo chwazi youn nan atribi Bondye yo epi chwazi yon imaj oswa yon ilistrasyon ki byen koni nan kontèks yo a, ki kapab itil pou anseye sans li yo bay moun yo nan yon fason ki senp epi vizyèl selon siyifikasyon yo pou moun ki pa kretyen an.
   _____
   _____
   _____
   _____

3. Nan pwòp mo pa ou yo, ekri nan senk liy yon refleksyon pèsonèl sou "Bondye nou an se yon Bondye ki gen yon lanmou ki sen".
   _____
   _____
   _____
   _____
   _____
   _____

4. Nan gwoup twa a kat manm, diskite epi aprè sa a, pwopoze yon solisyon pou ka sa a:

"Antonio ki gen 18 ane sou tèt li se yon nouvo kretyen epi l'ap etidye nan inivèsite a. Plizyè nan pwofesè l 'yo di l 'ke Bondye pa egziste, ke li se yon bagay ke moun envante. Pwofesè chimi an, pa egzanp, li ensiste ke yon bagay tankou yon Bondye pa kapab egziste tout bon vre, li diskite ke moun pa kapab wè li, ke egzistans li pa kapab verifye, epi tou si li te egziste pa ta gen okenn grangou, povrete, enjistis, rayisab, lagè, elatriye nan mond sa a. Antonio konfonn, e li te kòmanse gen dout sou egzistans Bondye."

Ki sa ou ta di Antonio pou ede l afime kwayans li nan egzistans Bondye?
   _____
   _____
   _____
   _____
   _____
   _____

Leson 2

Kisa Bib la ye?

Objektif yo
- Konnen orijin Lekriti Sakre yo.
- Eksplike enspirasyon Bib la.
- Apresye Bib la pou lavi kwayan an.

Lide Prensipal yo

- Bib la se liv ke Bondye itilize pou l pale ak pitit fi ak pitit gason li yo.
- Sentespri a te gide otè biblik yo pou yo transmèt mesaj Bondye a bay pèp li a.
- Etid Pawòl la chak jou se sa ki nouri lavi kretyen an.

Entwodiksyon

Bib la se yon koleksyon 66 liv ekri pa plis pase 40 otè pami yo, se wa, pwofèt, mouton, atizan, pechè, sòlda, powèt, doktè, minis gouvènman an ak anpil lòt moun, ki te enspire ak gide pa Lespri Bondye a.

Ant kèk nan otè sa yo gen plis pase 1500 ane distans. Sepandan, korespondans ak inite ant yo, kote ke pi fò nan yo pat rive rekonèt youn lòt pèsonèlman, se yon bagay ki ekstraòdinè.

Pa gen okenn lòt liv tankou Bib la, ki te enspire pa Bondye, se li menm sèl ki ka satisfè konplètman tout bezwen lèzòm.

Ki jan Bib la te ekri?

Nan seksyon sa a, nou pral konnen istwa orijin Bib la.

Depi nan premye tan yo, Bondye te bay pèp li a lòd pou yo transmèt Pawòl la pa tout mwayen ki posib pou ke pitit ak pitit pitit yo te kapab konnen epi viv nan volonte Bondye (Detewonòm 6:6-9).

Liv ki nan Bib la te ekri daprè lòd Bondye. Moyiz konpile istwa zansèt yo ki kounye a nan liv Jenèz la epi yo te transmèt yo oralman oswa sou wòch plat. Akeyoloji a konfime ke ekri a te itilize plis pase 1,000 ane anvan Abraram (Ebre 9:19; Detewonòm 27:2-8).

Nan kòmansman, Liv biblik yo te ekri nan plizyè lang:

- **Nan lang ebre a**, prèske tout 39 liv Ansyen Testaman an. Izrayelit yo te aprann lang sa a nan men pèp semit yo ki te rete nan Kanaran depi sou tan Abraram.

- **Nan lang Arameyen**, kèk pòsyon nan Danyèl ak Esdras. Pèp jwif la te aprann lang sa nan moman ke yo te nan esklavaj nan peyi Babilòn nan. Arameyen an te vin konvèti an lang ke popilasyon an te vina ap plis itilize epi se li menm ke Jezi te pale. Matye te ekri levanjil li a nan lang Arameyen, menm si ke aprè sa li te vin tradwi nan lang grèk.

Lekriti Sakre yo
"Nou kwè nan yon enspirasyon total Bib la, se atravè li menm ke nou konnen ke genyen 66 liv ant Ansyen ak Nouvo Testaman ki soti nan enspirasyon divin, li menm ki revele volonte Bondye pou nou nan tout sa ki nesesè pou Sali nou, nan fason sa ke pa dwe gen enpozisyon okenn lòt atik lafwa baze sou ansèyman ki pa ladan li". (Lik 24:44-47; Jan 10:35; 1 Korentyen 15:3-4; 2 Timote 3:15-17; 1 Pyè 1:10-12; 2 Pyè 1:20-21). (Manyèl Legliz Nazareyen 2017-2021, Atik Lafwa N0.4).

- **Nan lang grèk**, pi fò nan liv ki twouve yo nan Nouvo Testaman yo. Nan tan pa Jezi a, tout lekriti Ansyen Testaman yo te tradwi an grèk pliske sa se te langaj ki te itilize an komen nan peyi ki te fè pati Anpi Women yo.

Gras a Dye, Bib la te tradwi ak pibliye nan san lang epi nou genyen aksè ak li nan pwòp lang pa nou an tou.

Pawòl Bondye a te enspire pa mwayen Sentespri a

Nou kwè ke tout Bib la se Pawòl Bondye.

Nan 2 Pyè 1:19-21, apot la deklare: "Se poutèt sa, mwen pran pawòl pwofèt yo pou pawòl ki sèten nèt. Nou menm tou nou byen fèt lè nou pran pawòl sa yo ak gwo konsiderasyon, tankou yon lanp k'ap klere nan fènwa a jouk jou a va pwente, jouk zetwal ki klere chak maten an va leve nan kè nou. Men, anvan tout bagay, se pou nou konn sa byen: pesonn pa gen dwa pran mesaj pwofèt ki ekri nan Liv la pou li ba li sans li vle. Paske, pwofèt yo pa t' janm bay mesaj paske yo menm yo te vle. Okontrè, se Sentespri ki te pouse yo lè yo t'ap bay mesaj ki soti nan Bondye".

Lè ke n'ap analize pawòl sa yo ke apot Pyè te deklare, li posib pou nou afime ke san dout ke nou genyen Pawòl ki pi an sekirite a. Otantisite Pawòl la nan Ansyen Testaman antan ke Pawòl Bondye a, nou kapab fasilman verifye ke tout pwofesi sou Mesi a yo te akonpli nan lavi Jezi ki se Kris la.

Pyè di tou ke Pawòl Bondye a pa te egziste selon volonte moun, men orijin li se nan Bondye li ye. Li itilize vèb grèk fero, ki vle di pote oswa pouse. Itilizasyon vèb sa a endike otè yo "te pote', oswa pouse', pa Sentespri a, pa aji an akò avèk pwòp volonte yo, ni eksprime pwòp panse yo, men pito swiv lide Bondye a nan mo li bay ak ministè pa l" (Vine:1999, p. 459).

Nan 2 Timote 3:16 tou Pòl di: "Tou sa ki ekri nan Liv la, se nan Lespri Bondye a yo soti. Y'ap sèvi pou moutre moun verite a, pou konbat moun ki nan lerè, pou korije moun k'ap fè fòt, pou moutre yo ki jan pou yo viv byen devan Bondye, ... "Mo enspirasyon an se tradiksyon adjektif grèk theopneustos ki literalman vle di "souf Bondye". Moun yo nan tan Nouvo Testaman an te asosye lide aksyon Sentespri a se fason ke van an ap deplase, pliske nan tou de ka yo ou pa kapab wè yo, men ou kapab santi prezans yo epi wè efè yo.

"Enspire" vle di, lè sa a, ke Sentespri a te prezante nan yon fason espesyal ak mirak avèk otè biblik yo pou revele yo verite yo pa t 'konnen anvan, gide panse yo ak dirije yo pou yo chwazi mo ki apwopriye yo pou eksprime mesaj ke yo te resevwa nan men Bondye a.

Legliz Nazareyen kwè ke tout Bib la se Pawòl Bondye; otè yo te "enspire" pa Bondye, sa vle di, ke yo te gide pa Bondye li menm, nan lòd pou bay èt imen yo konesans ki nesesè osijè de Kreyatè a pou yo kapab viv nan obeyisans ak nan kominyon avèk Li. Li kwè tou ke Bondye li menm te ban nou gid sèten sa pou nou kapab viv chak jou nan sentete a pandan ke n'ap swiv egzanp Jezi a.

*Vèb la nan lang ebre, ki tradwi **ekri** a, vle di "plonje oubyen koule" epi li fè referans ak metòd yon gwo moso ki gen fòm, ki pita, pliske istwa a vin ap fè evolisyon li nan kesyon lèt, nou te vin genyen alfabè a. Syans lan te idantifye 600 siy diferan pa yon gwo moso ki gen fòm.*

Nan epòk pou soti depi nan Abraram pou rive nan Moyiz, ekriti te fèt pa pwen ki te toujou kite "mak" oswa "kwen", sou ajil "tablo" ki aprè sa a, seche epi te vin byen di toujou pou yo te fè konsèvasyon an. Kalite ekriti sa rekonèt sou non yon gwo moso ki gen fòm.

Èske Pawòl la toujou valab moman ke n'ap viv la?

Nou kwè ke otorite Bib la se menm bagay la pou tout lòt epòk yo.

Nan Mezopotami (kote Abraram te rete a menm) te gen lekòl pou anseye lekti ak ekriti. Nan Sumeria ak Acad, yo jwenn 60,000 "Wòch plat ajil" ki genyen dat ke Abraram te la yo (2100 av.K.).

Pliske otè biblik yo kominike mesaj ke yo te resevwa nan men Bondye pou bay moun ki t'ap viv nan pa yo a, gen kèk ladan yo ki pa kwè ke mesaj biblik la pa gen rapò ak tan aktyèl la. Men, byenke tan an chanje, volonte Bondye pou èt imen pa chanje, paske Bondye se menm nan ayè, jodi a ak pou tout tan. Èt imen ka chanje, men mwayen delivrans Bondye revele nan Bib la pou èt imen an pap janm pèdi validite li.

Malgre ke Pawòl Bondye a se youn, se pa tout kretyen ki aksepte otorite li kòm sèl nòm pou lavi yo. Gen legliz ki bay menm otorite a nan zafè lafwa ak kondwit kretyen ak lòt sous:

✓ Eksperyans endividyèl ak pèsonèl.

✓ Eksperyans kolektiv oswa kolekte pa jenerasyon nan moun ki kwè yo.

✓ Plizyè lòt sous otorite, tankou opinyon lidè legliz oswa fondatè yon legliz an patikilye.

Pou etid enspirasyon Bib la:
2 Pyè 1:21
Ebre 3:7; 10: 15-16
1 Korentyen 2:13
2 Timote 3:16

Pa egzanp, Legliz Katolik Womèn nan konsidere ke pawòl Bondye a nan LePap ki se otorite legal kòm Bib la. Se poutèt sa yo aksepte doktrin ak pratik ki pa kapab baze sou tèks biblik la, tankou: chante mès pou moun ki mouri, asansyon Mari, ak anpil lòt bagay ankò. Menm bagay la tou fèt ak gwoup tankou Mòmon oswa Temwen Jewova, yo menm ki mete lide yo oswa ansèyman fondatè li yo nan menm oswa pi gran ran pase otorite Lekriti yo.

Legliz Nazareyen an aksepte 66 liv yo nan Bib la kòm enspire pa Bondye, lòt legliz Pwotestan yo aksepte menm bagay la tou. Nan Legliz Katolik Womèn nan enkòpore lòt liv ke yo rekonèt kòm "apokrif", sa vle di pa enspire.

"Nan etidye Bib la ak detay mikwoskopik, orijin diven li parèt pi klè toujou pandan ke n'ap obsève pèfeksyon li nan fòm tankou nan kontni" (Torrey, R.A).

Jezi ak Lekriti yo	
Li te obeyi li	Li te vin akonpli li: Matye 5:17-20
Li te gide pa mwayen plan li	Pwofesi yo te akonpli sou lavi li: Matye 16:21-23
Li te soumèt li anba plan delivrans Papa a	Li te akonpli misyon li kòm Sovè a: Jan 8:39-42
Li te akonpli lalwa seremonyèl la	Li te pratike tout bagay ke yo te atann de yon bon jwif. Mak 14:16-18
Li te akonpli ak lalwa moral la	Li te yon egzanp ki pafè: Jan 11:1-44

Konbyen kretyen an bezwen konnen Bib la?

Bib la nouri lavi kretyen yo.

Kretyen an bezwen etidye Pawòl Bondye a an pwofondè. Lè kretyen an neglije li Bib la, devlopman yo ralanti espirityèlman. Etid biblik la ta dwe fè pati lavi kretyèn nan chak jou olye pou yo fè lekti ak etidye li nan sèvis legliz yo.

Apot Pòl egzòte Timote pou l vin yon elèv ki devwe nan Pawòl Bondye a (2 Timote 3:14-1) epi egzòtasyon sa se pou chak kretyen tou. Chak fwa li chèche Bondye ak ouvri paj Bib li, kwayan an konekte li ak Bondye. Lekti Bib la se manje espirityèl ke li ye: *"Men sa ki ekri: Moun pa kapab viv ak manje ase. Yo bezwen tout pawòl ki soti nan bouch Bondye tou."* (Matye 4:4).

Pawòl Bondye a gen anpil pouvwa pou anseye ak korije. Bib la ede nou viv pi pre Bondye ak pi lwen peche; li fè nou wè lè nou sou move chemen; li konvenk nou nan peche epi li montre ke Jezi ki se Kris la se sèl chemen pou nou sove. Bib la ekstraòdinè anpil, li pote anpil konesans sou Bondye epi li transfòme lavi. Li tankou yon nepe ki genyen tou de bò li yo file ki penetre kè ki menm plis pwofon an (2 Timote 3:16). Pawòl Bondye a korije epi prepare moun pou tout bon aksyon.

Pyè konpare Pawòl la ak yon lanp k'ap klere pou gide nou nan fènwa pwès la (2 Pyè 1:19-21). Yo rakonte istwa yon sèten kapitèn ki nan yon sware chaje san limyè, li t'ap gide bato li a sou yon lanmè segondè. Menm lè a, vijilan an te avèti l ke devan yo a li te wè yon limyè. Kapitèn nan sipoze ke se te limyè yon lòt bato, kidonk li te bay lòd pou vijilan an te voye yon mesaj pou bato sa a pou li fè bak paske li te sou liy transpò li a.

Atravè plizyè siy yo te reponn ke yo pa t'ap deplase, e ke se yo menm ki te dwe chanje direksyon bato pa yo a. Kapitèn nan te ensiste ke yo ta dwe retire kò yo nan wout li a, paske bato li a te pote badj wayal yo. Repons ke li te resevwa se te bagay sa yo: "Kèlkeswa kantite badj kapitèn ou an genyen, se nou menm k'ap gen pou nou deplase, paske limyè nou wè a se pou yon fa ke li ye".

Menm jan ak fa sa a, Pawòl Bondye a rete fèm epi pèsonn pa gen oken dwa pou modifye li nan kapris li. Li pa chanje. Li pa negosye ak peche, ni li pa jistifye kondwit peche. Se lòm ki dwe transfòme pou li kapab viv dapre kòmandman Seyè a.

Pou kretyen an Bib la se liv ki pi enpòtan nan mond lan pliske Li kominike plan Bondye pou lavi li ak pou ministè legliz la.

---

*Vèb grèk **fero** vle di pote, pote. Adjektif grèk theopneustos, se konjonksyon mo: theos, Bondye ak pneo, pou respire. Yo tradwi yo nan Bib nou yo ak mo tankou enspire, gide, oswa kondwi.*

Ouvri Bib la se tankou ouvri pwogram imèl elektwonik ki nan òdinatè nou yo kote ke Bondye kominike nou volonte li.

Bib la se lèt lanmou Bondye pou nou nan objektif pou montre nou kijan li vle genyen yon relasyon entim avèk nou atravè Jezi ki se Kris la.

Leson 2 - Kisa Bib la ye?

Kijan pou kapab tande vwa Bondye atravè Bib la?

Jezi te di konsa: "Men sa ki ekri: Moun pa kapab viv ak manje ase. Yo bezwen tout pawòl ki soti nan bouch Bondye tou" (Matye 4:4).

Nan seksyon sa a genyen yon metòd etid biblik ki byen senp.

Anpil kretyen pa konnen ki jan pou yo etidye Bib la, se pou sa ke nou ajoute etap senp sa yo nan leson sa a:

1. Kòmanse atravè lapriyè pou ke Sentespri a pale nan pòsyon Pawòl ke ou dwe li a.

2. Li pasaj la. Pou nouvo kwayan yo, li rekòmande pou ke yo kòmanse avèk youn nan kat levanjil yo (Matye, Mak, Lik oswa Jan) epi li kèk vèsè chak jou.

3. Pandan w ap li, reponn kesyon sa yo:

    - **Ki sa li di?** Pou pi byen konprann pasaj la, li rekòmande pou omwen genyen de vèsyon biblik an men. Pa egzanp: Bib Vèsyon Jerizalèm; Bib Vèsyon Louis Segond.

    - **Kisa sa vle di?** Eseye reflechi sou sa mesaj sa a vle di pou moun ki te tande li pou premye fwa. Pou reponn kesyon sa a byen, si sa posib, ou dwe genyen yon kòmantè biblik ak diksyonè tou prè.

    - **Ki sa Bondye di lavi m?** Lè w reponn kesyon sa a, panse ak sèk konsantrik la. Mete w nan mitan sèk pwòp vi ou, aprè sa a, fanmi ou, zanmi w yo, legliz ou, travay oswa etid ou, vwazen ki pi prè ou yo, kominote yo, peyi yo ak mond lan.

    - **Kòman mwen kapab kòmanse mete sa a an pratik menm semèn sa a?** Kretyen an grandi nan resanblans Kris la, pa sèlman pa mwayen tande vwa Bondye, men lè li mete l an pratik nan lavi li.

Jounen jodi a, gen anpil resous pou konprann mesaj ke Bondye te kite pou pitit gason ak pitit fi li yo nan Bib la. Chak kretyen kapab aprann omwen de vèsyon biblik, youn nan yo se vèsyon Louis Segond an; yon bon Bib, yon diksyonè biblik ak yon diksyonè nan lang fransè. Epi tou, genyen resous ki valab nan kalite sa a sou entènèt la.

Bib la genyen memwa Bondye ladan li, kondisyon lòm nan, chemen delivrans lan, kondannasyon pechè yo ak felisite kretyen yo. Doktrin li yo se bagay ki sakre, kòmandman li yo bon anpil epi istwa li yo se verite. Se yon sous bon konprann pou lòm, nou dwe kwè li pou ke nou kapab sove, epi pratike li pou ke nou kapab viv apa pou Bondye. Li genyen limyè ki la pou gide nou, li genyen aliman ki pou nouri nou ak konsolasyon ki pou ankouraje nou.

```
         Mond Mwen
        Peyi Mwen
   Vwazen Mwen/Kominote Mwen
     Travay Mwen/Etid Mwen
        Zanmi Mwen
        Legliz Mwen

         Lavi Mwen
         Fanmi Mwen
```

Tan ke nou pase nan etidye Bib la se pi bon envestisman nou.

"Yo pat ban nou Bib la pou nou te kapab elaji konesans nou. Yo te ban nou li pou chanje lavi nou." (D. L. Moody)

KISA NOU TE APRANN?

Tout Bib la se Pawòl Bondye atravè plizyè otè ke Li enspire. Pa mwayen Bib la, Bondye menm pale ak pitit fi ak pitit gason li yo, li montre yo chemen delivrans lan, li montre yo viv nan sentete menm jan ak Pitit li a Jezi ki se Kris la epi li rele yo pou sèvi lèzòt yo.

Aktivite yo

ENSTRIKSYON:

1. Eksplike avèk mo ki byen senp, tankou si se pou yon timoun, ki jan Bib la te enspire pa Bondye.
   _____
   _____

2. Si yon moun mande: Ki jan nou ka asire nou ke Bib la se vrèman Pawòl Bondye a? Ki repons ou t'ap bay?
   _____
   _____
   _____
   _____

3. Anplis de etid endividyèl oswa familyal, mansyone ki lòt fason ou aprann nan Pawòl la nan ministè legliz yo?
   _____
   _____
   _____
   _____

4. Li Sòm 1:1-3 epi ekri yon kòmantè pou aplike mo salmis la nan lavi ou: "Ala bon sa bon pou moun ki pa koute konsèy mechan yo, ki pa swiv egzanp moun k'ap fè sa ki mal, ki pa chita ansanm ak moun k'ap pase Bondye nan betiz, men ki pran tout plezi l' nan lalwa Seyè a, k'ap repase l' nan tèt li lajounen kou lannwit".
   _____
   _____
   _____
   _____

5. Nan gwoup twa a kat moun, se pou yo pataje pwòp eksperyans yo nan ki jan Sentespri a te pale oswa gide nan kèk moman espesifik nan lavi yo nan Pawòl la.
   _____
   _____
   _____
   _____

Leson 3

Kilès Jezi ye?

Objektif yo

- Konprann doub nati divin nan ak limanite Jezi a.
- Konnen fonksyon li kòm Sovè, Seyè ak Gerisè.

Lide Prensipal yo

- Dezyèm moun nan Trinite a enkane epi te pran fòm moun nan Jezi ki se Kris la.
- Nan Jezi ki se Kris la, te genyen egzistans anpil nati nati divin ak imèn.
- Jezi se sèl Sovè ak Seyè avèk pouvwa pou padone ak geri.

Entwodiksyon

Lafwa nan Jezikri se kwayans ki diferansye krisyanis la, men se pa tout moun ki aksepte Kris ki revele nan Bib la. Pa egzanp: Temwen Jewova yo pa kwè nan divinite Kris la; Mòmon yo refize ke Jezi ki se Kris la te vin ansent atravè Sentespri a. Sa yo se egzanp de move lide ke moun genyen sou Jezi Kris k'ap sikile nan kominote nou yo.

Premye pitit: Sèl pitit

Nazareyen yo kwè ke Jezi se Pitit Bondye a ki te vini sove mond lan anba pouvwa peche epi retabli kominyon èt imen avèk Bondye. Misyon li pat sèlman pou rabese sa ki mal yo ak soufrans moun yo, men tou li te vin bay yon remèd definitif pou rasin mechanste k'ap viv nan kè moun.

Nan atik lafwa nimewo 2, Legliz Nazareyen an deklare:

> "Nou kwè nan Jezi ki se Kris la, Dezyèm Moun nan Trinite a; ke Li fè yon sèl avèk Papa a pou toutan gentan; Li enkane atravè aksyon Sentespri a epi ki fèt atravè jenn fi a Mari, se konsa ke de nati antye ak pafè, sa vle di, Divinite a ak limanite a, yo te ini nan yon moun, vrè Dye ak vrè nonm, Bondye-moun nan.
>
> Nou kwè Jezikri te mouri pou peche nou yo, e sa se vre ke li te leve soti vivan nan lanmò a, li pran kò li ankò, ansanm ak tout bagay ki fè pati pèfeksyon nati imèn nan, kote li monte nan syèl la epi l'ap entèsede pou nou. (Matye 1:20-25; 16:15-16; Lik 1:26-35; Jan 1:1-18; Travay 2:22-36; Women 8:3, 32-34; Galat 4:4-5; Filipyen 2:5-11; Kolosyen 1:12-22; 1 Timote 6:14-16; Ebre 1:1-5; 7:22-28; 9:24-28; 1 Jan 1:1-3; 4:2-3, 15)." (Manyèl Legliz Nazareyen 2017-2021).

"Kris" se non grèk pou Mesi a nan lang ebre a epi fè referans ak nati divin Pitit Bondye ki la pou toutan an. Jezi, ki vle di Sovè, se non ki sinyale nati imen li, enkane. Se poutèt sa, li kòrèk pou fè referans ak Pitit Bondye a kòm Jezi ki se Kris la,, non ki endike doub nati divin li ak limanite li.

Jezi Kris se Bondye

Nan seksyon sa a nou pral etidye nati diven Jezi a.

Bib la deklare ke Jezi ki se Kris la se Pawòl la, Pawòl Bondye ki p'ap janm fini an: *"depi nan kòmansman, Pawòl la te deja egziste, epi Pawòl la te avèk Bondye, e Pawòl la te Bondye"* (Jan 1:1). Kris la te egziste etènèlman avèk

Papa a ak Lespri a, sa vle di ke anvan ke Pitit Bondye a te fèt tankou Jezi, li te deja egziste tankou Bondye, epi menm lè li te egziste tankou yon moun li pa janm sispann Bondye (Jan 8:58).

Jezi te anseye ke li se youn ak Papa a (Jan 17:21) epi aksepte yo rele l "Pitit Bondye a" (Matye 14:33; Jan 9:38; Ebre 2:9). Apot Pòl mete aksan sou Divinite Kris la, li te refize ansèyman filozòf grèk yo nan tan li ki te deklare ke pwoblèm (kò a) te yon move bagay epi ke Lespri a te bon e Se poutèt sa li pa t 'posib pou Bondye abite nan yon kò moun (Kolosyen 1:15-22; 2:2, 3, 9). Jezi pa t 'sèlman konplètman Bondye, men tou Li te moun konplètman.

> *Peche orijinèl: Kondisyon eritaj ki plase li nan kè moun epi ki kondwi ou viv egoisteman, satisfè pwòp volonte ak fantezi yo. Chak kretyen dwe resevwa pirifikasyon de kondisyon sa atravè ranplisaj Sentespri a (Efezyen 2:3).*

Limanite Jezi Kris

Sali a posib se paske Jezi ki se Kris la te imilye tèt li jous nan dènye limit.

Jezi te fèt atravè yon jenn fi, ki gen ovil fètilize pa mwayen Sentespri a (Matye 1:25). Nesans Jezi a se yon evènman inik nan istwa, ki pap janm repete ankò, se mirak enkanasyon an.

Apot Pòl ekri nan Filipyen 2: 5-8, *"Se pou nou yonn gen pou lòt menm santiman ki te nan Jezi, Kris la. Sa Bondye ye a, se sa l' te toujou ye. Men, li pa t' janm konsidere sa tankou yon avantaj pou l' te chache kenbe ak tout fòs. Okontrè, se li menm pou tèt pa l' ki chwazi mete sa sou kote. Li te pito tounen yon domestik. Li pran fòm yon moun, li vin tankou tout moun. Li rabese tèt li. Tankou yon moun, li soumèt devan Bondye. Li obeyi Bondye jouk li rive asepte mouri, wi jouk li asepte mouri sou kwa a!"*

Jezikri pa t 'sèvi ak privilèj diven l' yo, men li te "depouye li" sa vle di ke li te "dechaje li" de yo pou ke li te kapab ranpli misyon ke Papa li te konfye l la. Kreyatè diven an te chwazi pou l pataje nati enferyè kreyati li a, se sa rele renonse privilèj diven l 'yo, pou li te kapab vin youn tankou nou.

"Dechajman sa a" de Jezi Kris la pa vle di ke Li renonse orijin diven ak idantite li yo, men pito, li te pran chemen sèvis obeyisan Papa a, Li konnen ke obeyisans sa a ta finalman mennen l 'sou kwa Zo bwa Tèt la. Se poutèt sa, lè Jezikri "volontèman li te imilye tèt li" li idantifye ak doulè, santiman ak soufrans yo fè pati de egzistans imèn nan.

Nou ta dwe sonje tou ke Jezikri pa t 'vini nan yon kay kote ki te gen richès ak pouvwa, men li te fèt nan yon fanmi ki plen ak imilite (Lik 2). Nan fason sa a, li idantifye ak majorite moun ki nan mond lan epi li te konnen doulè ak difikilte moun ki pi pòv yo. Nan levanjil yo, yo afime ke Jezi te fè fas ak tout kalite nesesite: li te grangou, swaf, fatige, yo di ke li te konn dòmi tou, kriye, soufri doulè, rejè, feblès, ak lanmò fizik (Matye 4:2; Jan 4:6; 12:27; Ezayi 53:3-5; 1 Pyè 3:18).

Se gras ak obeyisans Jezi ki se Kris la ki fè delivrans lan te posib. Jezi ki se Kris la se dènye egzanp lan nan imilite, obeyisans, ak remisyon.

> Lè ekriti yo di "li te fèt nan lachè" sa vle di ke li te "adopte" nati imen. Sa vle di, Pitit Bondye a enfini ak p'ap janm fini an, li te vin fini, envizib la te vin vizib ak palpab, Etènèl la limite tèt li nan tan an, epi Sinatirèl la redwi tèt li an natirèl. Bib la anseye ke fo doktè ak fo relijyon se moun ki refize enkanasyon Jezi ki se Kris la (Jan 1:14, 6:51,55).

Jezi Kris te pataje vrè nati imèn ak diven li totalman eksepte pou peche (2 Korent 5:21), Li pat genyen okenn peche orijinèl nan li epi nan lavi li, li pa t fè okenn peche (1 Pyè 2:22).

Jezi Kris se Sovè nou

Jezi ki se Kris la se sèl chemen pou nou rive jwenn Papa a.

Bib la di ke *"Bondye te nan Kris la, li t'ap rekonsilye mond lan avèk Li"* (1 Jan 4:2, 3). Non "Jezi ki se Kris la" eksprime nati inik misyon li. Li se rezilta inyon nan de mo: Jezi ak Kris la. Kris la se tèm Grèk ki vle di Mesi a, pandan ke mo ebre Jezi vle di Sovè. Jezi se ti Mouton san defo a (pafè) ke Bondye te voye pou ofri tèt li an sakrifis (Ekspyasyon) epi konsa sove limanite soti anba kondannasyon ke li te merite peche l nan je Bondye: lanmò ak separasyon etènèl ant li menm ak Kreyatè a.

Nan Jan 3:16-21 se yon deklarasyon ki rezime objektif ke Bondye te genyen lè ke Li te deside voye sèl Pitit li a nan mond lan.

1. **Karaktè Bondye a:** "Bondye te sitèlman renmen…" (3:16), anseye ke orijin ak inisyativ delivrans lan pran nesans nan lanmou Bondye pou limanite. Se yon lanmou ki plen konpreyansyon, sansibilite ak mizèrikòd.

2. **Objè lanmou Bondye a:** "… Bondye te renmen mond lan …", li montre grandè lanmou Bondye a. Bondye te renmen mond lan e pa gen okenn moun ki eskli (Ezayi 45:22). Nou se objè lanmou Bondye a. Mèsi Seyè!

3. **Kado lanmou Bondye a:** "… Li te bay sèl Pitit Li a…" Papa a te bay sèl Pitit li a, sèl moun li renmen anpil, pou l te rekipere lòt pitit li yo ki te pèdi epi yo ka gen lavi ki pap janm fini an.

4. **Bi lanmou Bondye a:** "… pou tout moun ki kwè nan li, pa pèdi lavi yo, men yo va gen lavi ki pap janm fini an". Genyen de aspè enpòtan nan lanmou Bondye isit la. Premyèman, Senyè a pa vle pou okenn moun pèdi. Sa pwouve ke li pa abandone limanite. Dezyèmman, gwo siy oswa manifestasyon lanmou Bondye a se atravè Jezi Kris, yon fason pou ke tout moun ki mete konfyans yo nan li oswa ki aksepte li kòm Sovè li gen lavi ki pap janm fini an.

Bib la deklare ke Jezikri se sèl fason pou nou sove pa Bondye pou limanite. Ebyen, kisa sa vle di kwè nan Jezi?:

- Se aksepte lanmou Bondye a.

- Se kwè ke Bondye te voye Jezi ki se Kris la pou sove nou atravè lanmò ak rezirèksyon li.

Ekspyasyon: Li se aksyon kote ke genyen dèt ki peye pou yon lòt moun. Se egzakteman sa ke Jezi te fè lè li te mouri sou kwa a: li te soufri pinisyon peche ke nou te merite dapre jistis Bondye a. Lè Li peye dèt nou yo, Li te fè nou libere anba pouvwa peche ak lanmò. Se sèlman atravè yon remisyon volontèman ke nou kapab pote non pitit gason ak pitit fi Bondye epi resevwa kòm kado lavi ki pap janm fini an (2 Korentyen 5:19, Ebre 2:17).

Re-achte: Etimolojikman, sa vle di tounen achte yon bagay ki te pèdi.

"Se li menm sèl ki ka bay delivrans paske Bondye pa bay non okenn lòt moun sou latè ki kapab delivre nou" (Travay 4:12).

- Se aksepte Jezi kòm Sovè ak Seyè.

- Se swiv Jezi antan ke disip li.

- Li se soumèt volonte nou nan obeyisans Kris konplètman, ak san eskiz.

Lè Bib la pale osijè de kwè, se pa sèlman sou konesans entelektyèl, men nan yon vi. Li pa menm jan ke nou kwè ke youn nan ewo yo nan istwa nan peyi nou an te egziste. Ni se osijè desèlman kwè pafwa lè nou bezwen Jezi fè yon mirak pou nou. Se pou mete tout konfyans nan Jezikri epi delivrans lavi prezan ak pwochen nou nan men li. Fason sa a nan kwè note kijan w ap viv chak jou pandan ke w'ap swiv Jezi.

Pawòl la anseye moun ki rejte Pitit Bondye a epi ki pa kwè nan Li kondane pa pwòp desizyon l. Tout moun gen libète pou aksepte envitasyon Seyè ak Sovè a oswa rejte li (Jan 3:17-21). Desizyon sa se yon bagay ki endividyèl.

Pou etid sou Jezikri ak travay redanmsyon li:
Jan 3:16-21
Filipyen 2:5-11
Lik 4:16-30, 9:1-6
Matye 20:29-34
Travay 9:32-35

Jezi Kris, Seyè tout lòt seyè yo

Bondye te egzalte Jezi ki se Kris la kòm pi gwo otorite nan linivè a.

Apot Pòl tou pale nan Filipyen 2 osijè de egzaltasyon Kris la: *"Se poutèt sa, Bondye leve l' mete chita kote ki pi wo a. Li ba li yon non ki pi gran pase tout lòt non. Konsa, tou sa ki nan syèl la, tou sa ki sou tè a ak anba tè a, yo tout va mete jenou yo atè devan Jezi pa respè pou non Bondye te ba li a. Tout moun va rekonèt Jezikri se Seyè a. Sa va sèvi yon lwanj pou Bondye Papa a"* (Filipyen 2:9-11).

Egzalte vle di leve yon moun oswa yon bagay nan pi gwo diyite oswa kategori. Apre twa jou nan kavo a, Jezi te parèt devan disip li yo ki resisite e li te rete avèk yo pandan karant jou. Aprè sa, Li te monte al jwenn Papa l epi se konsa li te fini ministè li sou tè a. Lè Jezi te leve soti vivan nan lanmò a, Papa a te egzalte l menm nan pi wo nivo, men, kisa egzaltasyon sa a genyen ladan li?

Pòl di ke Bondye te ba l 'yon non ki pi wo pase tout non. Sa a se yon bagay ki difisil pou konprann, kijan li enpòtan pou chanje non ou? Nan kontèks sosyal nou an pou mete yon non pou timoun nou yo, senpleman nou konsilte yon lis, mande pou sijesyon oswa ba yo non yon sèl non ke nou renmen. Men, nan kilti lès la, bay non ak yon pitit gason oswa pitit fi te genyen yon enpòtans ekstrèm, paske ak non an yo te eksprime karaktè moun sa a. Vèsè 10 ak 11 yo kominike lide sa a sou Seyè Jezi a, non li pi wo pase tout non. Pa gen okenn otorite ki pi gran pase pa Jezi Kris la nan linivè a!

Nouvo non an dekri vrè nati divin li epi mete l sou tout kreyasyon an, ki gen ladan èt lespri, èt imen ak rès kreyati vivan yo. Non sa a se ekivalan a

Epi lè ke li manifeste tankou moun, Li rabese tèt li. Tankou yon moun, li soumèt devan Bondye. Li obeyi Bondye jouk li rive asepte mouri, wi jouk li asepte mouri sou kwa a. Se poutèt sa, Bondye leve l' mete chita kote ki pi wo a. Li ba li yon non ki pi gran pase tout lòt non. Konsa, tou sa ki nan syèl la, tou sa ki sou tè a ak anba tè a, yo tout va mete jenou yo atè devan Jezi pa respè pou non Bondye te ba li a. Tout moun va rekonèt Jezikri se Seyè a. Sa va sèvi yon lwanj pou Bondye Papa a (Filipyen 2:8-11).

"Nou kwè nan doktrin biblik gerizon divin epi nou ankouraje kongregasyon nou yo chèche opòtinite pou fè priyè lafwa pou gerizon malad yo. Nou menm tou nou kwè ke Bondye geri atravè ajans syans medikal yo."

(2 Wa 5:1-19; Sòm 103:1-5; Matye 4:23-24; 9:18-35; Jan 4:46-54; Travay 5:12-16; 9:32-42; 14:8-15; 1 Korentyen 12:4-11; 2 Korentyen 12:7-10; Jak 5:13-16) (Article of Faith No. 14, Manual of the Church of the Nazarene 2009-2013).

sa Bondye resevwa nan Ansyen Testaman kòm Wa souveren (Ezayi 45:21-23; Travay 2:34,36). Pawòl la di ke tout bagay te kreye nan li, pou li, ak nan li tout bagay egziste, li se Seyè moun ki mouri yo ak vivan yo (Women 14:6-9; Kolosyen 1:16, 17). Jezi Kris posede ak kontwole tout bagay ki egziste. Volonte Bondye se ke chak moun rekonèt Jezikri tankou Seyè yo ak pwopriyetè lavi yo.

Jezi Kris doktè

Jezi ki se Kris la te pran maladi nou yo sou kwa a.

Maladi ak lanmò pa janm fè pati plan orijinal kreyatè a pou kreyasyon l lan, men yo te vini kòm yon konsekans peche nan limanite. Sakrifis Jezi Kris la sou kwa a pa sèlman bay padon, men tou li geri (Ezayi 53:4-5). Maladi, doulè ak lanmò pap prezan nan lavi etènèl la (Revelasyon 22:2).

Jezi te gen pitye pou malad yo. Li te wè maladi a kòm yon opòtinite pou montre laglwa ak konpasyon Bondye epi an menm tan reveye nan yo enterè pou tande bon nouvèl sali a (Matye 4:23). Atravè sa a, li te bay yon egzanp nan Legliz la.

Nan Lik 9:1-6 ak Travay 9:32-35 yo montre ministè disip yo k'ap kontinye travay Jezi Kris la. Yo t'ap anonse mesaj Peyi Wa ki nan syèl la, men tou, yo te atende nesesite fizik yo ak santiman emosyonèl moun yo. Kèlkeswa kote yo t'ap sèvi, prezans Jezi Kris, lanmou li, mizèrikòd li epi pouvwa li te avèk yo.

Tout kretyen gen otorite espirityèl pou yo priye pou malad avèk lafwa ak konpasyon. Bondye ka geri atravè tretman lasyans tou. Lè yon moun malad, anplis de chèche sekou lapriyè, li dwe ale nan konsiltasyon medikal pi vit ke posib tou, lapriyè pou ke Bondye kapab gide pèfòmans doktè yo.

Lè yon moun geri, nou dwe ankouraje li bay temwayaj ak fanmi li, zanmi li yo ak nan legliz la, deja ke anpil moun kapab vin kwè nan Jezi akoz de yon temwayaj sou gerizon (Jak 5:13-15).

Nou dwe anseye tou pou yo aksepte volonte Bondye, kèlkeswa sa li ye a, paske Bondye pa geri tout moun. Pafwa Bondye pèmèt maladi ak feblès fizik. Pafwa Li revele bay sèvitè li yo rezon ki pèmèt sa, men si non, nou ka gen konfyans ke gen de tout fason, genyen yon objektif sen ki lakoz Bondye pèmèt sa nan lavi nou. Nan ka sa yo kwayan an gen èd espesyal ke Bondye te pwomèt pitit gason ak pitit fi li yo pou fè fas ak eprèv sa (Women 8:28; 2 Korentyen 12:7-10).

"Men, se soufrans nou ta gen pou nou soufri a li t'ap soufri pou nou. Se doulè nou ta gen pou santi nan kò pa nou li te pran sou do l'. Nou menm menm, nou te konprann se pini Bondye t'ap pini l'. Nou te konprann se frape Bondye t'ap frape l', se kraze Bondye t'ap kraze l' anba men l'. Men, se pou peche nou kifè yo te mete san l' deyò konsa. Se akòz mechanste nou kifè yo te kraze l' anba kou konsa. Chatiman ki te pou nou an se sou li li tonbe. Se konsa li ban nou kè poze. Avèk tout kou li te resevwa yo, li ban nou gerizon" (Ezayi 53:4-5).

Legliz Nazareyen kwè ke Bondye se sous gerizon fizik la epi ke se pa volonte li ke gen moun ki soufri maladi. Kòm Nazareyen, nou kwè nan doktrin biblik gerizon divin epi nou ankouraje manm nou yo chèche opòtinite pou yo priye ak lafwa pou moun ki malad yo. Nou menm tou nou kwè ke Bondye sèvi ak pwofesyonèl nan lasyans medikal pou pote sekou nan soufrans lan.

Legliz la dwe chèche opòtinite pou l bay gerizon pou li malad, aflije ak oprime yo. Nou gen responsablite tou ede evite tout maladi ke yo kapab evite yo pandan n'ap ede moun yo viv yon sante ki entegral e pran swen lespri yo, memwa yo, emosyon ak kò yo.

Gerizon divin: Gerizon fizik ki fèt mirakilezman nan fason enstantane oubyen pwogresiv epi ki soti nan Bondye. Gerizon sa vini kòm repons lapriyè kwayan yo ki fèt ak lafwa epi se lè ke volante Bondye dispoze sa (Jan 4:46-53).

Don gerizon an: Kapasite sinatirèl ke Sentespri a bay kèk kretyen nan bi pou glorifye Bondye.

Kisa nou te aprann?

Jezi ki se Kris la se Pitit Bondye a ki fèt nan lachè, se Bondye ki voye li pou ban nou lavi ki pap janm fini an, Sali a, restore kominyon nou avèk li epi adopte nou nan fanmi li (Legliz la). Atravè sakrifis li a nou kapab jwenn netwayaj pou tout peche yo epi jwenn gerizon.

Leson 3 - Kilès Jezi ye?

Aktivite yo

ENSTRIKSYON:

1. Nan pwòp mo ou yo dekri kilès Jezi ye?
   _____
   _____
   _____

2. Poukisa li enpòtan pou nou kwè nan divinite Jezi ki se Kris la?
   _____
   _____
   _____
   _____

3. Kisa sa vle di pou kretyen yo aksepte Jezi Kris kòm Sovè ak Seyè yo?
   _____
   _____
   _____
   _____

4. Gen kèk moun ki kwè ke Bondye responsab pou doulè ak soufrans èt imen. Ki repons ou ta ba yo?
   _____
   _____
   _____
   _____

5. Nan gwoup twa oswa kat manm, idantifye maladi ki pi komen nan moun ki nan kominote w la epi reflechi sou kèk fason legliz ou a ka ede evite oswa soulaje maladi sa yo.
   _____
   _____
   _____
   _____

Leson 4

Kilès Sentespri a ye?

Objektif yo

- Konnen kilès Sentespri a ye ?
- Apresye travay li pandan l'ap pwodwi kwasans espirityèl nou.
- Konprann ke Legliz la bezwen gid Sentespri a nan misyon an.

Lide Prensipal yo

- Sentespri a se twazyèm moun nan Trinite a.
- Jezi ki se Kris la te voye Sentespri a pou ban nou yon Lavi ki tou nèf epi anseye nou viv nan sentete.
- Nan leson sa a, nou pral etidye sa Sentespri a ye ak misyon li nan Legliz la nan mond lan.

Entwodiksyon

Lè ke nou konnen ki moun ak ki sa ki ministè twazyèm pèsòn nan Trinite a ye, Sentespri a, li vital pou kwasans ak matirite kretyèn nan. Nan leson sa a nou pral etidye ki sa ki ministè Sentespri a nan mitan nou.

Ki wòl Sentespri a te jwe nan Kreyasyon an selon Jenèz 1?

Sentespri a se yon moun reyèl ki te vin viv nan vrè disip Jezikri yo aprè ke Jezi te fin leve soti vivan nan lanmò epi monte nan syèl la (Jan 14: 16-18). Li se Bondye, nan menm fason an ke Bondye Papa a ak Bondye Pitit la epi gen tout kalite divin yo.

Fonksyon prensipal li se bay lèzòm temwayaj sou verite a ki revele lavi ak ansèyman Jezi yo (Jan 15:26; 16:14). Sentespri a tou aji kòm yon pwofesè pou kretyen an menm jan li revele yo volonte ak verite Bondye a (1 Korentyen 2: 9-14). Li se prezans Bondye a ki reyèl ak aktif k ap travay nan mond lan, men ministè li a deplwaye plis espesyalman nan legliz la.

"Nou kwè nan Sentespri a, twazyèm moun nan Trinite a, ki toujou la avèk nou epi li menm ki toujou la nan legliz Kris la epi li rete ansanm avèk li, l'ap konvenk mond lan de peche, pandan ke l'ap rejenere moun ki repanti epi ki kwè yo, li kontinye ap sanntifye kwayan yo epi kondwi yo nan tout verite li menm ki se Jezi ki se Kris la". (Manyèl Legliz Nazareyen, Atik lafwa N0.3).

Vini ak Misyon Sentespri a

Nan seksyon sa a, nou pral etidye rezon ki fè Sentespri a te vini an.

Seyè Jezi a enstwi disip li yo sou sa ki ministè Sentespri a nan mond lan, sa ki te ekri nan Levanjil Jan an chapit 16. Pasaj sa a anseye nou bagay sa yo:

1. Absans fizik Seyè a Jezi ki se Kris la te nesesè. Disip yo te tris. Tout sa yo te konnen se ke Mèt yo ta ale lwen yo. Sepandan, Jezi di yo ke sa a te pi bon bagay ki te ka rive yo, paske lè sa a, Sentespri a ta vini.

   Sa vle di ke travay Sentespri a ta pi laj pase pa Jezi a. Kòm yon moun imen Jezi te limite, li pa ta kapab pa egzanp, ansanm ak disip li yo nan Galile ak nan Jide an menm tan. Men Lespri Sen an pa ta soumèt a limit sa yo, men li ta dwe prezan ak disip Jezi yo nenpòt ki kote ak nenpòt ki lè.

2. Vini Sentespri a se ta akonplisman pwomès Jezi ki se Kris la. Anvan li monte al jwenn Papa l, Jezi Kris te kite yon gwo komisyon pou disip li yo, men tou li te di yo: "... *Chonje sa byen: mwen la avèk nou toulejou,*

jouk sa kaba" (Matye 28:20). Pwomès sa a li ta reyalite sèlman atravè Sentespri a. Anplis de sa, se tankou yon prezans ki ta fòtifye konfyans disip yo epi ba yo pouvwa ak otorite pou yo fè disip Kris la nan tout nasyon yo.

3. Sentespri a pral konvenk mond lan sou peche, jistis ak jijman. Nan peche, paske travay Sentespri a se pote konviksyon bay limanite osijè de peche yo epi mennen yo al jwenn Kris la. Nan jistis, paske Lespri Bondye a Sentespri, fè moun nan konprann ke li kapab rive jwenn padon sèlman nan Bondye atravè Jezi ki se Kris la. Nan jijman, depi Sentespri a ede yo chape anba pinisyon ke peche nou yo merite si nou fè fas a Jijman Bondye a, lè ke li montre nou chemen Sali a ak padon ki nan Jezi Kris epi konsa rekonsilye nou ak Bondye.

Pou etid sou Sentespri a:
Joel 2:28-32
Jan 14:15-26, 16:7-13
Travay 15:8-9
2 Tesalonik 2:13
1 Pyè 1:12

An konklizyon, san ministè Sentespri a, limanite pou kont li, li pa ta janm ka jwenn padon Bondye a epi rive nan rekonsilyasyon avèk Bondye atravè Jezi Kris, sa vle di ke li t'ap kondane nèt pou viv nan esklavaj peche epi lwen lanmou Kreyatè li a.

Sentespri a, gid nou an

Sentespri a asiste nou, li sekouri nou, li se sekou nou.

Nan menm liv Jan 14:15-26. Jezi te anseye sou sèten fonksyon espesyal ministè Sentespri a pou lavi kwayan an.

Sa ki anba la a se yon adaptasyon kontanporen sou pasaj Jan 14:15-17 kòm yon "lèt Jezi Kris pou youn nan disip li yo". Ladan li, li klèman eksplike ministè Sentespri a kòm asistan nou, li konsole ak konseye nou:

"Chè disip:

Ou konnen mwen ke mwen prale. Lè m 'di ou ke mwen te dwe retounen vin jwenn Papa m', mwen te wè vizaj ou epi mwen reyalize ke kè ou te tris anpil. Men, koute m byen. Mwen fè sa se pou pwòp byen ou. Mwen ta renmen pase plis tan avèk ou, men si mwen pa ale, ou pap kapab genyen èd ke w'ap gen bezwen soti kounye a pou pi devan.

Mwen konnen ou renmen mwen. Se poutèt sa, ou pral kenbe nan kè ou tout bagay sa yo mwen te anseye ou yo. Men, pa bliye yon bagay trè enpòtan, menm jan mwen te obeyi Papa a, ou dwe obeyi tou. Sentespri a ke mwen pral voye a, se li menm ki pral ede ou obeyi Bondye epi, an menm tan an, li pral fè ou sonje tout sa mwen te anseye ou yo. Lè Sentespri a vin sou ou, li pral ba ou pouvwa ak otorite pou w ranpli ministè ke mwen te konfye ou la.

Yon lòt rezon ki fè ke mwen dwe retounen al jwenn Papa m se akoz ke mwen pral prepare plas kote w'ap vin viv pou tout tan an. Se menm kote a

Leson 4 - Kilès Sentespri a ye?

> "Si nou renmen m', se pou n' obeyi kòmandman m' yo. M'ap mande Papa a pou l' ban nou yon lòt moun pou ankouraje nou, pou li ka toujou la avèk nou, se Sentespri k'ap moutre nou verite a. Moun k'ap viv dapre prensip lemonn pa ka resevwa l', paske yo pa ka wè l', ni yo pa ka konnen li. Men nou menm, nou konnen l' paske li rete nan kè nou, paske li nan nou" (Jan 14:15-17).

Kòm Konsolatè Lespri a ban nou fòs, li ban nou ankourajman, Li fòtifye nou.

> "Sentespri a gide nou nan tout verite epi pou nou ale jwenn Jezi." (Leonard Gay)

mwen rete. Men, pou jwi kote sa a, ou dwe obeyi Papa a nan tout bagay. Kan lè sa a va rive, mwen pral rankontre w pèsonèlman.

Mwen pa swete pou w gen tristès nan ou, paske mwen pral mande Papa a pou ke li voye Sentespri a pou rete avèk ou ak tout moun ki renmen mwen yo. Mwen regrèt pou moun ki inyore oswa rejte mwen, paske yo pap gen pwomès ou pral jwi yo, ni yo pap resevwa Sentespri a tou. Sonje byen ansèyman mwen te ban nou, mete konfyans ou nan mwen, mwen pap fè w wont.

Konsènan Sentespri a ke mwen pral voye a, li deja konnen kilès ke ou ye, li gen enfòmasyon sou lanmou ou pou Papa a, nan lit ou ak anvi ou yo. Li pral ede ou, espesyalman pou ou kapab obeyisan nan tout bagay. Kouraj!

Se te Mèt ou a ak zanmi ou, Jezi ki se Kris la"

Sentespri a, gid la, l'ap toujou rete bò kote kretyen ki konfòm avèk ansèyman Jezikri yo, epi fidèl ak obeyisan devan Bondye Papa a.

Sentespri a, Mèt nou an

Antan ke Mèt, Sentespri a anseye moun viv nan sentete kòm Kris la.

Nan Jan 14:18-24 Jezi ki se Kris la te di ke li pa ta kite nou òfelen, men ke li ta dwe prezan ak disip li yo atravè Sentespri a. Pi devan nan Jan 14:25-26 li dekri ministè Sentespri a tankou Mèt.

Lè Sentespri a ap viv nan kè yon disip Kris, depi la a li kapab gide kous lavi li. Ministè li se anseye l 'bay lòd tout lavi l' pou ke li nan amoni ak volonte Bondye; revele li verite pwofon nan Pawòl Bondye a epi ede li mete yo an pratik nan lavi chak jou.

Sentespri a eklere lespri li tou epi raple li ansèyman Jezi ki te etidye nan Pawòl Li yo. Li ede yo viv nan sentete, li gide l pran desizyon chak jou yo, ki baze sou prensip ak kòmandman ki nan Bib la.

Sentespri a ban nou lavi

Se Sentespri a ki soutni lavi tout bagay ki vivan nan mond sa.

Sentespri a gen yon travay espesyal pou tout kreyasyon ki se bay lavi a tout kreyati ki egziste sou planèt la. Nan liv Sòm chapit 104:30 chapit sa a deklare: *"Men, lè ou soufle souf ou, ou bay lavi ankò. Konsa, ou bay latè yon lòt figi."* Nan liv Jòb chapit 34:14-15 li di: *"Si Bondye te kenbe souf ki bay lavi a pou tèt li, yon sèl kou a, bèt kou moun ta mouri. Yo ta tounen pousyè tè ankò!"* San prezans Sentespri a pa ta gen lavi nan planèt sa.

Se Sentespri a tou ki bay kwayan an lavi ki tou nèf la nan rejenerasyon an (Jan 3:5). Lè yon moun aksepte Jezi kòm Sovè pèsonèl li, se atravè Sentespri a ke moun sa a fèt ankò tankou yon nouvo kreyati nan Kris la. Anvan, li te mouri espirityèlman, lespri imen li te separe ak Bondye epi li pat gen lavi etènèl. Se Sentespri a ki "rejenere", ki se, bay lespri nou lavi, yon lavi ki soti nan Bondye epi idantifye nou kòm manm nan fanmi Bondye a, Legliz li a (Women 8:2).

Sentespri a ban nou pouvwa pou nou sèvi

Ki kalite pouvwa ke Sentespri a bay kwayan an?

Se Sentespri a ki bay kwayan yo kapasite pou sèvi lòt moun (Travay 2:1-13). Youn nan fason li ede nou se lè li ban nou kado espirityèl yo, ki se "kapasite espesyal" oswa zouti pou ministè legliz la. Lespri a te bay 120 disip yo pouvwa sanble nan jou Lapannkòt la pou yo te reyalize ministè yo (Travay 1:8). Yo te bezwen Sentespri a pou pote mesaj sali a avèk kouraj ak gwo pouvwa (Travay 4:8, 31; 6:10).

Apot Pòl te ekri legliz Korent lan: *"Koulye a, gen divès kalite don Sentespri a bay. Men, se menm Lespri Bondye a ki bay tout. Gen divès jan moun ka sèvi Bondye, men se yon sèl Seyè a n'ap sèvi. Gen divès kalite travay nan sèvis la, men se yon sèl Bondye ki bay chak moun travay pa yo nan tout sèvis k'ap fèt. Lespri Bondye a fè travay li yon jan nan lavi chak moun, men li fè l' pou byen tout moun. Lespri a bay yon moun don pou l' pale avèk bon konprann. Menm Lespri a bay yon lòt moun don pou l' pale avèk anpil konesans. Se menm Lespri a ki bay yon moun lafwa, se li menm tou ki bay yon lòt don pou l' geri moun malad. Lespri a bay yon moun don pou fè mirak, li bay yon lòt don pou l' bay mesaj ki soti nan Bondye. Li bay yon lòt ankò don pou l' rekonèt travay move lespri yo ak travay Lespri Bondye a. Li bay yon moun don pou l' ka pale langaj, li bay yon lòt don pou l' ka esplike sa pawòl langaj la vle di. Men, se yon sèl Lespri a ki fè tou sa. Li bay chak moun yon kado diferan jan li vle"* (1 Korentyen 12:4-11).

Kapasite sa yo ke Pòl mansyone la a, se kèk ladan yo ke Lespri a te distribye nan mitan kretyen legliz Korent yo. Nan chak tan ak nan chak kontèks patikilye, Lespri a distribye nan legliz la kado ke li bezwen pou sèvi moun nan kominote li a. Kado sa yo pa janm pou lizay pèsonèl, oswa pou kwayan yo vin plis enpòtan pase lòt yo, men, se pito pou ede legliz la nan akonplisman misyon li. Kado yo ede sèvi nan diferan ministè ak fonksyon legliz la, pou chak manm li yo kapab grandi selon modèl Kris la epi sèvi lòt yo konfòm ak apèl ke yo chak genyen an patikilye.

Senyè a gen yon ministè espesyal pou chak disip li yo, se poutèt sa ke li ba yo kado Lespri Bondye a ak kapasite espesyal. Bondye vle pou tout resous sa yo itilize avèk imilite ak responsabilite pou sèvi lòt moun.

Lesson 4 - Kilès Sentespri a ye?

"M'ap mete Lespri m' nan nou, konsa m'ap fè nou mache dwat dapre lòd mwen ban nou, pou nou fè tou sa mwen mande nou fè. N'a kenbe prensip mwen yo" (Ezekyèl 36:27) Bib Vèsyon Louis Segond.

Rejenerasyon *se tradiksyon tèm grèk "palingenesia" sa vle di nouvèl nesans oswa fèt ankò epi li fè referans ak transfòmasyon entèn ke Sentespri a fè nan nouvo kwayan an (Tit 3:5). Lòt tèm ki menm jan nan siyifikasyon yo itilize nan Efezyen 2:1,5, Jak 1:18, 1 Pyè 1:23.*

Ministè Sentespri a nan Legliz la

Ajan an ki fè rejenerasyon an posib se Lespri Bondye a. Li antre tou dousman nan kè penitans lan ki te kwè a epi ki te jistifye. Lespri Bondye transfòme lavi sa sou andedan an akó ak nouvo relasyon tankou pitit, eritye Bondye epi ko-eritye ansanm ak Kris la (Women 8:16-17)" (Taylor: 1995, p. 581).

Kijan Sentespri a gide ministè legliz la?

Jezi Kris te antisipe disip li yo sou sa ki ta misyon Sentespri a nan mond lan, nan lavi yo ak nan legliz la. Nan Jan 16: 12-15 Jezi te anseye yo ke Sentespri a ta avèk yo chak jou epi li ta gide yo nan ministè yo.

Ekriti yo konfime ke pwomès sa a te akonpli. Nou ka li nan liv Travay sou ministè Sentespri a k'ap gide apot yo nan legliz primitiv la. San prezans Sentespri a, legliz la pa ta gen pouvwa ak otorite pou ranpli ministè pou mache bay mesaj bon nouvèl la nan tout nasyon yo. Pa gen okenn zòn nan lavi Legliz la ki pa bezwen prezans, èd ak direksyon Sentespri a (Efezyen 3:14-21).

"Kò nou se tankou yon tanp, epi se nan tanp sa a Sentespri sa ke Bondye te ban nou an. Se pa nou menm ki mèt pwòp tèt nou" (1 Korentyen 6:19, Vèsyon Louis Segond).

Plis ansèyman konsènan Sentespri a nan Jan 14:16-17	
Li soti nan Papa a	Bondye te manifeste tèt li atravè Sentespri. Jezikri deklare ke li pat voye okenn lòt anyen pou nou pase pouvwa Bondye a.
Li se yon moun	Li pa yon "enfliyans", yon "fòs" oswa yon "enèji". Li se yon moun ki soti nan Bondye. Nou dwe li respè ak adorasyon. Li se yon moun ki apa pou Bondye ki te vin rete nan lavi nou.
Pèmanans li ap kontinye nan mitan nou jouskaske Kris la retounen pou yon dezyèm fwa	Sentespri a te vini pou li rete avèk nou jouskaske mond sa fini.
Li se Lespri Verite a	Yo rele l "Lespri verite a" paske Li se moun ki enspire Ekriti yo epi ki ede kwayan yo konprann mesaj li a (2 Pyè 1:21).
Li pa nan tout moun	Lespri Bondye a ka sèlman rete nan moun ki te resevwa yon nouvo lavi nan Kris la.
Li abite avèk epi nan nou	Distenksyon sa a enpòtan. Li pa sèlman avèk nou pou ede nou chak jou, men tou, Li nan nou kòm Seyè lavi nou. Nan fason sa a kò nou vin tounen tanp Lespri Bondye a pa lagras.

Sentespri a ap travay nan Legliz Primitiv la

- *Li gide yo pou yo rekonèt verite a: Travay 5:3.*
- *Li te gide yo pou chwazi lidè yo: Travay 6:3-5, 13:2, 20:28*
- *Li te soutni yo lè yo te anba move tretman yo: Travay 7:55.*
- *Li ranfòse nouvo legliz yo: Travay 9:31.*
- *Li te gide yo nan anpil nouvo chan misyonè: Travay 13:4, 16:6*

KISA NOU TE APRANN?

Sentespri a se yon moun ki soti nan Bondye. Ministè li nan favè kwayan an ak legliz la fondamantal. Li bay nouvo lavi espirityèl nan moman konvèsyon an epi Li gide kwayan an nan pwosesis kwasans lan tankou Kris la. Lespri a sanktifye kwayan an tou nan moman ranplisaj Lespri a, li rele li epi ba li kapasite pou l sèvi.

Leson 4 - Kilès Sentespri a ye?

Aktivite yo

ENSTRIKSYON:

1. Ekri nan pwòp mo ou yo Kilès moun ke Sentespri a ye?
   _____
   _____
   _____

2. Nan lis sa a, make ak yon "x" sitiyasyon sa yo kote li kòrèk pou mande èd Sentespri a:
   __ Mwen tante
   __ Mwen tris oswa dekouraje
   __ Mwen te leve anreta akoz de parès epi mwen gen pou m'al travay bonè
   __ Mwen konfonn sou yon desizyon mwen dwe fè
   __ Mwen manke tan pou satisfè responsablite mwen lakay mwen
   __ Mwen jwenn li difisil pou m peye ladim
   __ Mwen pa t 'etidye pou yon egzamen
   __ Mande yon moun mwen te ofanse padon
   __ Gen yon moun ki refize aksepte Kris kòm Sovè
   __ Prepare pou anseye yon klas oswa preche.

3. Apre w fin li 1 Korentyen 6:19 ak Ezekyèl 36:27 reponn, Pou ki rezon Bondye mete Lespri Li nan pitit gason ak pitit fi ou yo?
   _____
   _____
   _____

4. Fè yon lis tout bagay ou fè nan yon semèn. Pa bliye gen ladan repo, manje, espò, pataje ak fanmi, elatriye. Lè sa a, evalye chak kesyon sa yo: Avèk aktivite sa a, mwen itilize lavi mwen kòm tanp Sentespri a?
   _____
   _____
   _____
   _____

5. Aprè ou fin priye pou kèk minit pou mande Lespri a konsèy, revize lis aktivite ou te genyen avan chak semèn yo. Èske gen kèk ladan yo ke Lespri Bondye a montre ou ke ou dwe elimine pou fè plas ak plizyè lòt k'ap ede w pran swen oubyen pi byen jere tanp Lespri a ki se kò ou?
   _____
   _____
   _____
   _____

Leson 5

POU KISA MWEN BEZWEN SOVE?

Objektif yo

- Apresye orijin ak nati lòm.
- Konprann kisa peche a genyen ladan li.
- Konnen plan Bondye pou sove limanite.

Lide Prensipal yo

- Gason avèk fanm yo se kreyasyon Bondye, yo fèt ak imaj ak resanblans li.
- Li bay lòm libète pou l chwazi fè sa ki bon oubyen sa ki mal.
- Bondye te trase yon plan delivrans lè li voye Pitit li a vin sove nou epi montre nou viv nan sentete.

Entwodiksyon

Nan manyèl Legliz Nazareyen an, atik lafwa nimewo 5, li deklare sa ki annapre a sou peche, orijinèl ak pèsonèl:

"Nou kwè ke peche a te antre nan mond lan atravè dezobeyisans premye paran nou yo, epi lanmò atravè peche. Nou kwè ke peche a divize an de klas: peche orijinèl oswa depravasyon ak peche aktyèl oswa pèsonèl.

Nou kwè ke peche orijinèl la oswa depravasyon, se koripsyon nati tout moun ki soti nan branch fanmi Adan yo, se poutèt sa, tout èt imen ale lwen jistis orijinal la, oswa eta de pite, nan premye paran nou yo nan moman kreyasyon yo, se yon bagay negatif devan Bondye, li pa genyen lavi espirityèl, li enkline pou fè sa ki mal e se pou toujou. Anplis de sa, nou kwè ke peche orijinèl la kontinye egziste nan lavi moun ki rejenere a, jouskaske kè a totalman geri pa mwayen batèm nan avèk Sentespri a.

Nou kwè peche orijinèl la diferan de peche aktyèl nan sa li kreye yon tandans eritye peche jodi a ke pa gen yon sèl responsab jiskaske remèd yo te bay divinman an te estime oswa rejte.

Nou kwè ke peche aktyèl oswa pèsonèl la se vyolasyon lalwa Bondye a volontèman ke li te ye, li te komèt pa yon moun ki responsab moralman. Se poutèt sa, li pa ta dwe konfonn ak fot envolontè yo oswa echèk inevitab, feblès, erè, echèk oswa plizyè lòt devyasyon ki soti nan yon kondwit pafè, yo menm ki se rezilta peche a. Sepandan, efè inosan sa yo pa enkli atitid oswa repons kontrè ak Lespri Bondye a nan Kris la, ki ka byen dwe rele peche nan lespri a. Nou kwè ke peche pèsonèl la se premyèman e esansyèlman yon vyolasyon lwa lanmou; epi se an relasyon ak Kris la, yo ka defini peche a kòm enkredilite.

(Peche orijinèl: Jenèz 3; 6:5; 15:14; Sòm 51:5; Jeremi 17:9-10; Mak 7:21-23; Women 1:18-25; 5:12-14; 7:1—8:9; 1 Korentyen 3:1-4; Galat 5:16-25; 1 Jan 1:7-8. Peche pèsonèl: Matye 22:36-40 [avèk 1 Jan 3:4; Jan 8:34-36; 16:8-9; Women 3:23; 6:15-23; 8:18-24; 14:23; 1 Jan 1:9—2:4; 3:7-10)" (Manyèl Legliz Nazareyen 2017-2021).

Èt imen an pote imaj Bondye nan lespri ak nanm.

Bondye te trase yon plan ki pafè pou delivrans limanite. Sali a se pa lagras, se yon kado Bondye, se pa atravè yon bagay ke lòm nan kapab fè avèk pwòp fòs li (Galat 2:6; Efezyen 2:8-9).

Legliz Nazareyen an afime ke kreyasyon ras imèn nan imaj Bondye a enkli kapasite pou yo chwazi ant byen ak mal e ke, se poutèt sa, èt imen yo te responsab moralman; paske atravè echèk Adan an nou tout vin pechè, kidonk ke kounye a pa pwòp fòs nou oswa pa pwòp zèv nou yo, nou pa kapab libere anba peche epi retounen nan kominyon ak Bondye.

Li pretann tou ke favè Bondye a, pa Jezikri, se sibvansyon gratis tout moun, li bay fòmasyon ak tout moun ki vle kite lavi peche a, kwè nan Jezikri kòm Sovè ak Seyè, resevwa padon ak netwayaj pou soti nan peche, epi aprann viv nan sentete kòm disip Seyè a.

Nou kwè ke yon moun ki te sove ka tonbe ankò nan yon lavi nan peche, si li neglije kwasans li nan lavi sentete a, e ke, sof si nou pa repanti epi viv ankò nan obeyisans Bondye, w'ap resevwa menm pinisyon ki prepare pou moun k'ap fè peche yo.

Sali a se fwi lanmou Bondye a pou mond lan, men genyen yon kondisyon. Nenpòt moun ki vle sove dwe "Kwè" nan Jezi ki se Kris la (Jan 3:16), rekonèt epi konfese peche li: "Si nou konfese peche nou yo, Bondye, ki jis ak fidèl pou l padone nou epi netwaye nou pou tout sa ke nou te fè ki mal" (1 Jan 1:9).

Orijin ak nati moun nan

Bondye te kreye moun san tach, nanm, lespri ak kò a nan sentete.

Istwa kreyasyon an nan Jenèz totalman abandone teyori syantis ki mete limanite kòm evènman maksimòm nan yon pwosesis repati, epi ki afime ke moun diferan de rès kreyati yo, sèlman paske yo se yon bèt oubyen yon òganis ki plis devlope.

Bib la deklare ke Bondye te kreye syèl la, tè a, ak tout sa ki egziste ladan li, epi kòm kouwòn kreyasyon li a, Bondye te kreye gason ak fanm (Jenèz 1:1-31). *"Bondye di ankò. Ann fè moun."* La a nou remake prezans Trinite divin nan byen klè k'ap deside kreyasyon moun nan. Se Bondye menm ki gen inisyativ sa a. Li pran pousyè tè a pou l fòme yon nouvo kreyati, se avèk li ke li ta pataje imaj ak resanblans li. Nan Jenèz 2:7 li di ke Bondye *"... soufle nan twou nen nonm lan pou l' ba li lavi. Epi nonm lan vin vivan"* ranpli ak kalite tankou entèlijans, volonte ak emosyon. Nonm nan ak fanm nan te kreye bon moralman epi yo te san peche, avèk kapasite pou yo te genyen yon relasyon lanmou ak amitye avèk Kreyatè yo a.

Tou de Adan ak Èv te pataje imaj Bondye a, men avèk kèk diferans fizik ak emosyonèl, se konsa ke yo konplete youn ak lòt e yo te anfòm youn pou lòt, epi yo te akonpli kòmandman Bondye a lè yo t'ap repwodwi epi egzèse administrasyon yo sou kreyasyon an (Jenèz 1:27, 28).

Nati imen an fèt ak kò, nanm ak lespri, zòn ki fòme yon entegralite, yon sèl pèsonalite ki pa kapab divize. Kò fizik la se sa ki pèmèt ou antre an kontak avèk mond materyèl, Lespri Bondye a se sa ki domine apre lanmò kò fizik la epi se atravè li menm ke moun nan genyen kominyon avèk Lespri Bondye a. Nanm nan se sant lavi entèlektyèl, emosyon ak pèsonalite a.

Ekspyasyon an
"Nou kwè ke pa mwayen soufrans yo, pou san chè ki te koule a, ak lanmò sou kwa a, Jezi te fè yon sakrifis ki konplè pou tout peche limanite, e ekspyasyon sa a se sèl baz lavi ki pap janm fini an epi li sifi pou chak moun ki soti nan ras Adan an. Ekspyasyon an se mizèrikòd pou jwenn Sali moun ki iresponsab yo epi pou timoun ki inosan yo, men pou moun ki rive nan laj responsablite yo, Sali a efikas pou yo se sèlman lè yo repanti epi kwè" (Atik lafwa No 6, Manyèl legliz Nazareyen 2017-2021).

Lesön 5 - Pou Kisa Mwen Bezwen Sove?

Imaj Bondye a nan lòm nan

Pou etid sou ekspyasyon an:
Ezayi 53:5-6, 11;
Mak 10:45;
Lik 24:46-48;
Jan 1:29, 3:14-17;
Travay 4:10-12;
Women 3:21-26,
4:17 - 25, 5:6-21;
1 Korentyen 6:20;
2 Korentyen 5:14-21;
Galat 1:3-4, 3:13-14;
Kolosyen 1:19-23;
1 Timote 2:3-6;
Tit 2:11-14;
Ebre 2:9, 9:11-14, 13:12;
1 Pyè 1:18-21, 2:19-25;
1 Jan 2:1-2.

Pou kisa Bondye te bay èt imen kapasite ak kalite nan imaj li?

Nan Sòm 8:5-6 nan Bib Kreyòl Louis Segond an, li di sou la kreyasyon nonm nan ak fanm nan: *"Ou fè yo yon ti kras pi piti pase ou, Bondye. Tankou yon kouwòn sou tèt yo, ou ba yo pouvwa ak respè. Ou mete yo pou yo donminen sou tou sa ou fè, ou mete tout bagay anba pye yo..."*

Lefèt ke Bondye te kouwone nonm nan ak tout bèl pouvwa ak onè endike ke li te bay yon diyite trè wo, jan ke sa mansyone nan Jenèz 1:26-28. Li enplike ke li te resevwa pouvwa pou l domine sou rès kreyasyon an isit sou la tè, epi, anplis de sa a, li te ranpli ak kapasite pou jere li.

Malerezman, nonm nan te chwazi fè sa ki kontrè a kont Bondye, epi se poutèt sa, li te vire do bay Bondye (Women 3:23), sa vle di, li te pèdi akonpayman Kreyatè li a. Men Bondye, nan mizèrikòd li, li te pèmèt li toujou domine sou kreyasyon an, malgre rezilta destriktif sa yo ki lakòz move jesyon ki genyen nan resous natirel yo. Latè a, kay ke Bondye te ban nou an, se ke yo te detwi pa menm èt imen an. Si atitid iresponsab sa a kontinye, gen anpil chans pou ke nan kèk ane ankò, nou viv nan yon dezè konplètman. Kretyen an gen responsablite pou pran swen anviwònman an epi pran responsablite li pou jere resous natirèl yo avèk dilijans.

Bondye deklare ke pechè yo jis devan je li, se pa paske li baze sou bon zèv li yo men pito se an repons ak lafwa li nan travay Jezi ki se Kris la sou kwa a (Women 4:5-8 ak 5:1-5).

Echèk lòm nan

Ki kote nati peche lòm nan soti ?

Lè Adan ak Èv te dezobeyi Bondye, yo te fè peche nan lavi yo ak lavi tout pitit pitit yo. Imaj Bondye a ak relasyon an avèk Kreyatè a, sous lavi a te domaje. Nati orijinal li te gate, li te chanje eta sentete li yo an yon nati peche, li menm ki pouse li fè sa ki mal (Women 3:23).

Tonbe nan tantasyon Satan an, Adan ak Èv te revòlte kont Bondye epi yo te pèdi sentete yo (2 Pyè 2:4; Jid 6).

Olin A. Curtis, nan "The Christian Faith", bay lis kat eleman nan echèk premye koup la nan Jenèz 3:1-6:

1. **Apeti fizik la:** Èv te wè fwi pyebwa a te bon pou manje, epi li te agreyab nan je li. Satan te itilize sans kò imen an antan ke pwen fèb pou tante li.

2. **Dezi entelektyèl la, oswa "kiryozite a":** Istwa a di ke pyebwa a "te konvwate pou reyalize bon konprann" Kiryozite sa a refere a dezi anvi eksperimante nouvo plezi oswa emosyon yo, nan demontre yon konpòtman iresponsab ak irasyonèl tankou yon timoun.

3. **Tantasyon an enkli pouse endividyèl nan oto-gouvènman an:** *"Èske Bondye te janm di piga nou manje donn tout pyebwa ki nan jaden an?"*

Sa la kote ke tantasyon an rive nan pwen kritik li yo, paske sijesyon Satan an pwovoke lide ke moun nan pa ta dwe dakò pou l okipe yon pozisyon sibòdone ki gen rapò ak yon otorite ki pi wo tankou pa Kreyatè a.

4. **Enfliyans sosyal la:** Èv, apre li fin manje, "li te pote bay mari li, epi li te manje tou". Peche a toujou jenere soufrans nan moun ki komèt li a ak nan moun ki bò kote l yo.

Avèk echèk lòm nan, peche a antre nan mond lan *"Se poutèt yon sèl moun peche antre sou latè. Peche a louvri pòt pou lanmò. Se konsa lanmò vin pou tout moun, paske tout moun fè peche"* (Women 5:12). Peche vin tache lavi lòm. Se sèlman atravè san Jezi ki se Kris la ki te koule sou bwa Kalvè a moun kapab jwenn netwayaj ak padon pou peche yo.

Bib la pretann ke tout moun bezwen rekonsilye ak Kreyatè yo a, yon fason pou ke nati sakre yo a kapab restore, epi pou ke kominyon an avèk Bondye vivan an kapab retabli. Sa kapab posib sèlman avèk delivrans ke Bondye te ofri atravè Pitit li a Jezi ki se Kris la (Jan 3:16).

Plan Bondye pou l delivre lòm anba peche

Bondye nan gras li, li kreye tout mwayen ki nesesè pou ban nou lavi ki pap janm fini an.

Sali a se aksyon sa ki pèmèt ke moun nan rekonsilye ak Bondye. Nou tout fèt ak yon nati pechrès ki pouse nou dezobeyi Bondye san fren. Se sèlman atravè sakrifis Jezi ki se Kris la ke tout zak dezobeyisans ki te komèt kont Bondye yo, ke se swa nan panse, pawòl oubyen aksyon kapab jwenn padon (Ebre 9: 14,22). Jezi ki se Kris la te fè li posib pou nou rekonsilye ak Bondye, li menm ki fè nou vin zanmi Bondye, epi pa mwayen adopsyon nou dwe retounen nan Fanmi Bondye, tankou pitit li (Women 5: 10,11; 2 Korent 5: 18,19).

Se atravè zèv Sentespri a ke Bondye rele èt imen vin delivre; se atravè Lespri a ke li konvenk yo nan peche epi reveye yo pou ke yo kapab gen konsyans de peche yo ak nesesite ke yo genyen pou yo resevwa padon. Se pa pouvwa Sentespri a ke èt imen tounen vin jwenn Bondye atravè repantans ak lafwa, se atravè Lespri Bondye ke èt imen yo fèt yon dezyèm fwa epi yo renouvle nan imaj Bondye a.

John Wesley dekri travay Sentespri sa a nan mond lan kòm "gras rezistib" k ap gide gason ak fanm nan "premye dezi pou fè Bondye plezi, se premye reyon limyè konsènan volonte li, ak premye konsyans pwofon ki touche moun nan dèske li te fè peche kont Li". Gras sa a aji sou pechè a pou ke li gen

Gras rezistib la:
"Nou kwè ke kreyasyon ras limanite nan imaj Bondye genyen kapasite pou chwazi ant sa ki byen ak sa ki mal epi se pou sa ke èt imen yo te moralman responsab; atravè echèk Adan an, li te vin degrade, kidonk ke kounye a yo pa kapab ak pwòp fòs natirèl ak zèv yo, retounen epi prepare yo pou lafwa epi pou envoke Bondye. Men, nou menm tou nou kwè ke gras Bondye a atravè Jezi ki se Kris la se yon bagay ki gratis pou tout moun, k'ap fòme tout moun ki vle retounen soti nan peche pou antre nan jistis la, pou kwè nan Jezikri epi resevwa padon ak netwayaj pou peche, epi pou swiv bon travay agreyab epi ki parèt bon nan je Li. Nou kwè ke tout moun, menm si li gen eksperyans rejenerasyon an ak sanktifikasyon total la, li kapab tonbe soti nan gras la ak abandone lafwa, sof si li repanti pou peche li yo, li pap pèdi etènèlman e san espwa" (Atik Lafwa No 7, Manyèl Legliz Nazareyen 2017-2021).

dezi pou l pran pozisyon li pou chita tande bon nouvèl delivrans epi pran desizyon pou l tounen vin jwenn Bondye, kwè nan Jezi epi sove.

Genyen de moun ki entèvni nan delivrans lan: Bondye ak moun nan. Yo chak gen pou yo aji nan fason sa a.

> *Repanti* a se yon separasyon radikal ak peche ak yon avantaj pou tounen vin jwenn Bondye.

Sa moun nan fè	Sa Bondye fè?
Tounen vin jwenn Bondye (Travay 17:30)	**Jistifye:** Aksyon kote ke Bondye bay padon absoli pou tout moun ki koupab deklare inosan, epi li konsidere kòm moun ki jis.
Kwè nan Jezi ki se Kris la konplètman (lafwa)	**Rejenere:** Li mete Sentespri li nan lavi li, li renouvle, li restore, li pèmèt li fèt yon dezyèm fwa antan ke pitit fi oubyen pitit gason Bondye. Se kòmansman pwosesis sanntifikasyon an.
Li kòmanse pwosesis fòmasyon disip la	**Adopte** nouvo kwayan an nan fanmi li epi bay yo tout privilèj pou vin pitit Li.

Kisa sa vle di vin jistifye?

Nan seksyon sa a, nou pral etidye benefis lavi ki pap janm fini an.

Jistifikasyon an se yon aksyon legal enstantane ki soti nan Bondye atravè li menm li deklare ke peche nou yo padone epi jistis Kris la se pou nou epi deklare ke nou san repwòch devan Bondye.

Nan lèt ke li te ekri Women yo, apot Pòl te anseye sou benefis ke moun ki jistifye a resevwa:

- **Moun ki jistifye a se yon moun ki beni (4:7-8).** Apot Pòl itilize menm ekspresyon ke Jezi Kris te itilize nan Sèmon sou Montay la (Matye 5). Nan lang orijinal la sa vle di: Ala de kè kontan pou...! Nan sans sa a, se pa sèlman yon afimasyon, men yon eksklamasyon: "Ala de kè kontan pou yon moun ki jistifye e delivre pa Kris la!"

- **Moun ki jistifye a gen lapè (5:1-5).** Sa Pòl eksprime a se pa lapè ki pwodwi nan yon disiplin mantal oswa youn ke moun nan kapab kreye, men ke lapè sa a soti nan sekirite ke moun nan genyen dèske Bondye te padone li.

- **Moun ki jistifye a gen espwa nan glwa Bondye a (5:2).** Moun ki gen lavi ki pap janm fini an repran konfyans nan Jezi ki se Kris la. Li se yon moun ki gade lavni avèk esperans, li genyen konfyans nan lòt yo, li kwè ke Bondye pral akonpli tout pwomès li yo epi L'ap toujou Papa l ki gen anpil lanmou an.

Repantans lan:
"Nou kwè ke repantans lan se yon chanjman sensè ak konplèt ki fèt nan lespri sou sa ki gen pou wè avèk peche a, avèk rekonesans de yon kilpabilite pèsonèl ak separasyon volontè de peche a, sa egzije tout bagay ki pa aksyon oubyen objektif rive vin pechè kont Bondye. Lespri Bondye a bay tout moun ki vle repanti yo èd pou yo atriste nan kè yo ak esperans mizèrikòd pou ke yo kapab kwè yon fason pou ke yo resevwa padon ak lavi espirityèl". (Atik Lafwa Nimewo.8, Manyèl Legliz Nazareyen 2017-2021).

Nan pwochèn ilistrasyon an, n'ap kapab apresye pwosesis Sali a ki soti depi nan pozisyon peche lòm nan, pou rive jous nan pozisyon lajwa ak kè kontan ki parèt akoz de relasyon ki restore avèk Bondye a atravè Jezi ki se Kris la:

Peche se dezobeyi epi fè rebèl kont volonte Bondye a ki byen koni. Peche a kapab yon move panse, repouse Bondye, adore pwòp tèt yo, vin egoyis, konfye nan pwòp fòs yo antan ke lòm, afiche yon kondwit ki pa fè Bondye plezi oubyen negasyon pou obeyi enstriksyon espesifik Bondye yo. Literalman, li vle di "echek nan misyon an". Pou Wesley "peche a se yon transgresyon yon lwa ki byen koni" (Orton Wiley: 1976, p.203).

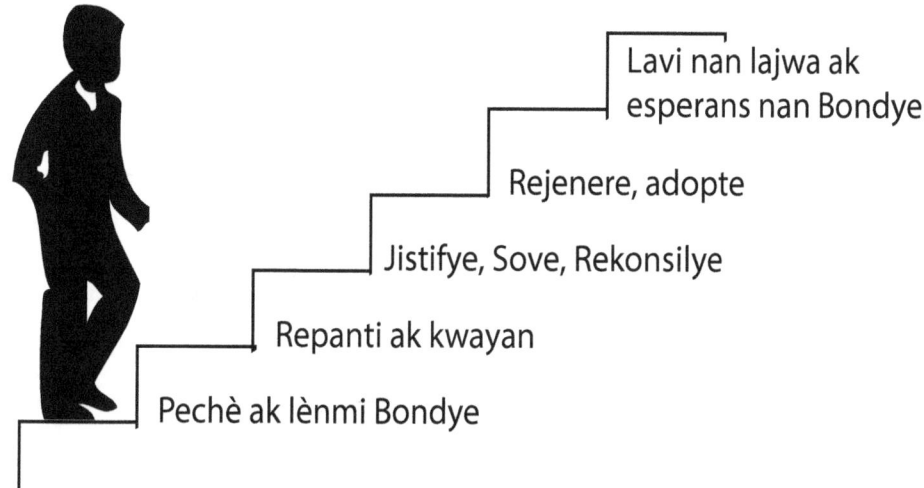

Atravè padon an, Bondye efase, retire, detwi oubyen elimine obstak ki entèpoze ant lòm ak Bondye, epi ant lòm ak pwochen yo (Ezayi 38:17, Miche 7:19).

KISA NOU TE APRANN?

Tout moun sou latè separe ak Bondye dèske yo koupab devan jistis Bondye akoz de peche yo. Sèl solisyon pou yo libere anba peche pèsonèl yo ak konsekans yo a, se Bondye ki te bay li atravè Jezi ki se Kris la, li menm ke lè Li te mouri sou bwa Kalvè a nan plas nou, li te rann posib ke tout moun ki kwè nan Li yo resevwa padon epi kapab viv yon Lavi ki Tou nèf epi ki pap janm fini nan lapè ak amitye avèk Bondye (Jan 3:16).

Aktivite yo

Tan 20'

ENSTRIKSYON:

1. Nonmen kèk kalite nan lavi ou ki reflete imaj Bondye a.
   _____
   _____
   _____

2. Esplike nan pwòp mo ou yo: kisa yon moun dwe fè pou l libere anba peche.
   _____
   _____
   _____
   _____
   _____

3. Li Kolosyen 2:13-14 ak 3:3. Answit, ranpli fraz sa yo:

   a) Moun k ap viv nan peche pa fè pati de _____ Bondye a.

   b) Lè nou resevwa padon pou peche nou yo, nou resevwa _____ ansanm ak Kris la.

   c) Moun ki rete nan Kris la te mouri pou _____ la.

4. Ki sa Bondye fè ak peche nou yo dapre Sòm 103: 12; Ezayi 43:25 ak Ebre 10: 16-17?
   _____
   _____
   _____

5. Pataje an gwoup de 3 oswa 4 manm yon temwayaj kout sou ki jan lavi ou chanje aprè ke peche ou yo te fin padone.

Leson 6

KÒMAN MWEN KAPAB VIN SANNTIFYE?

Objektif yo

- Rekonèt ke lavi sen an se dezi Bondye pou tout pitit li yo.
- Apresye eksperyans sanntifikasyon total la.
- Swete yon pwogrè kontinyèl nan lavi ki apa pou Bondye a.

Lide Prensipal yo

- Sanntifikasyon an genyen plas li nan lavi kretyen an atravè ranplisaj Sentespri a.
- Sanntifikasyon an bay kretyen an kapasite pou ke vrè lanmou an manifeste nan lavi li an favè Bondye ak lèzòt yo.
- Pou ranpli ak Sentespri a, fòk ou vle viv pou Bondye ak tout kè ou, fè mouri egoyis la epi renonse tout sa ki anpeche ou sèvi Bondye.

Entwodiksyon

Èske kretyen an kapab sen? Nan pati sa a nan leson an nou pral etidye kisa nazreyen yo afime sou kesyon sanntifikasyon an. Nan atik lafwa nimewo 10, Legliz Nazareyen an li deklare:

John Wesley te rezime sanntifikasyon an kòm "manifestasyon lanmou an."

"Nou kwè ke sanntifikasyon total la se aksyon sa a ke Bondye fè, ki vin aprè rejenerasyon an, atravè li menm kwayan yo vin lib anba peche orijinèl la, oswa degradasyon, epi yo vin rive nan yon eta de konplèt devosyon pou Bondye ak obeyisans yon lanmou ki san tach epi pafè.

Se egzekite pa mwayen batèm avèk Sentespri a epi rantre nan yon sèl eksperyans netwayaj kè pou soti nan peche, ak prezans pèmanant Sentespri a ki bay kwayan an pouvwa ki nesesè pou lavi ak sèvis la.

Eksperyans sa a tou koni sou dives kalite non ki reprezante diferan faz li yo, tankou pèfeksyon kretyèn, lanmou pafè, sentete nan kè, batèm avèk Sentespri a, abondans benediksyon ak sentete kretyèn nan.

Nou kwè ke genyen yon diferans ki klè ant yon kè pwòp ak yon karaktè ki gen matirite. Premye pwodwi nan yon fason ki enstantane antan ke rezilta sanntifikasyon total; dezyèm nan se rezilta kwasans nan gras la.

Nou kwè ke gras sanntifikasyon total la gen ladan l pouse pou kwè nan gras la. Sepandan, pouse sa a dwe kiltive avèk pwòp konsyans moun nan epi atansyon yo ta dwe bay kondisyon devlopman ak pwosesis amelyorasyon espirityèl ak karaktè ak pèsonalite nan sanble avèk Kris la. San efò sa a avèk objektif sa, temwayaj moun nan kapab febli, epi gras la kapab anpeche epi finalman pèdi..." (Manyèl Legliz Nazareyen 2017-2021).

Ki sa sanntifikasyon an ye?

Sanntifikasyon total la se ranpli ak lanmou Bondye a.

Antan ke Wesleyen, nou konprann ke pwosesis sanntifikasyon an kòmanse nan eksperyans konvèsyon an oswa nouvèl nesans lan, kote ke Bondye batize nou ak Sentespri li. Aprè premye eksperyans delivrans sa a, Bib la anseye sou yon dezyèm zèv lagras ki nesesè nan lavi kretyèn nan. Sa a se pa si ou vle, men sa nesesè pou ou rete fèm epi kontinye grandi nan lavi nouvo ou la daprè modèl Kris la.

Nazareyen yo kwè ke gen yon tan k'ap rive kote ke nouvo kreyati nan Kris la ap konprann ke li bezwen libere de kondisyon peche k'ap goumen andedan li kont volonte li yo dèske li obeyisan anvè Seyè li a nan tout bagay. Lòm nan pa koupab de kondisyon sa a, men li te transmèt pa mwayen eritaj nan Adan an, osi byen ke nan tout èt imen yo.

Kondisyon peche sa a ankouraje w chèche satisfè pwòp dezi egoyis ou yo, olye pou yo chèche volonte Bondye an premye. Kretyen k'ap viv nan lit sa a santi l koupab pou move tandans sa yo ke yo pa kapab soti ladan yo avèk pwòp fòs yo oubyen volonte *(Sòm 51:7; Travay 15:8,9; Efezyen 5:25-27; 1 Jan 1:7)*. Pòl dekri kondisyon sa a tankou *"mantalite pechrès"* (Women 8:6), *"lalwa peche ak lanmò"* (Women 8:2),*"vye nati a"ak" kò peche a"* (Women 6:6), oswa *"rasin anmè"* (Ebre 12:15).

John Wesley te rezime sanntifikasyon kòm "manifestasyon lanmou an". Se sèlman lè nou konplètman ranpli ak Sentespri a nou kapab renmen Bondye ak lòt moun ak tout kè nou. Jezi te rezime volonte Bondye pou lavi nou tankou yon lavi nan lanmou pafè: *"Se pou ou renmen Mèt la, Bondye ou, avèk tout kè ou, avèk tout nanm ou, avèk tout lide ou, avèk tout fòs ou. Men dezyèm kòmandman an: Se pou ou renmen frè parèy ou tankou ou renmen pwòp tèt pa ou. Pa gen lòt kòmandman ki pi konsekan pase sa yo"* (Mak 12:30-31).

Bib la anseye ke sanntifikasyon an se:

1. **Yon kòmandman ki soti nan Bondye** (Matye 5:48; 22:37, 39).

2. **Objektif Bondye pou pitit li yo.** Pou lanmou li ak mizèrikòd li, Bondye vle pataje nati divin li avèk nou (Jan 17:20-23, Efezyen 3:14, 19; 1 Tesalonisyen 5:23).

3. **Pouvwa Bondye.** Atravè Sentespri a, Bondye vle pataje avèk nou pouvwa ak otorite li (Travay 1:8).

4. **Yon pwomès Bondye.** Li te pwomèt pou l ban nou sentete li si nou vle mache dapre volonte li (Detewonòm 30:6; Sòm 130:8; Ezekyèl 36:25,29; Women 8:3-4; 2 Korentyen 7:1; Efezyen 5:25-27 and 1 Jean 3:8).

Peche orijinèl la: *Se premye peche ke nonm nan te komèt kont lalwa Bondye a. Peche Adan an ak Èv la te pase pou tout moun soti nan yon jenerasyon pou rive nan yon lòt jenerasyon epi se konsa ke tout limanite vin eritye nati pechrès la nan Adan.*

Lesson 6 - Kòman Mwen Kapab Vin Sanntifye?

Èske eksperyans sa a se pou tout moun?

Sentete a se volonte Bondye pou tout pitit fi ak pitit gason li yo.

Nouvo Testaman an di nou ke volonte Bondye a se sanntifikasyon nou. Sa vle di ke nou dwe sen devan li ak pwochen nou. Se poutèt sa Jezi ki se Kris la te priye Papa li ke disip li yo ak moun ki te gen pou kwè nan li nan jenerasyon kap vini yo te kapab sanktifye nan verite a (Jan 17:19-20).

Nan 1 Tesalonisyen 5:23 Pòl deklare: *"Mwen mande Bondye ki bay kè poze a pou l' fè nou favè pou nou viv pou li nèt ale. Konsa, lè Jezikri, Seyè nou an, va vini, li p'ap jwenn nou ak ankenn defo, ni nan kò nou, ni nan lespri nou ni nan nanm nou"*. Vèsè sa a genyen senk ansèyman enpòtan:

1. **Sanktifikasyon an se travay Bondye.** Menm Bib la deklare sa. Bondye sen, e li vle pou nou sen jan li ye a.

2. **Sanktifikasyon an konplèt.** Apot la vle pou ke Bondye sanntifye kretyen an konplètman, sa vle di, lespri li, nanm ak kò li.

3. **Sanktifikasyon an se pou lavi sa.** Nou pa ta dwe rete tann pou moman lanmò a rive. Sanntifikasyon an se pou lavi sa a epi se pou lavi ki pap janm fini an tou.

4. **Sanntifikasyon an rive nan tout pati nan nati imèn nan.** "Tout ou menm" vle di ke tout sa ke moun nan ye a, afeksyon l yo, volonte l', panse ak motivasyon yo dwe sanntifye.

5. **Sanktifikasyon prepare kretyen yo pou retou Seyè a. Sanntifikasyon an prepare kretyen an pou jijman final la.** Se poutèt sa ke sanntifikasyon an pa ta dwe retade jouk Seyè Jezi ki se Kris la retounen, men pito, Kounye a li dwe chèche epi jwenn, déjà ke si li kolabore avèk Bondye nan pwosesis sanntifikasyon, kretyen an dwe san repwòch, sa vle di, san zanbaj pou l kapab aksepte retou Kris la.

Menm jan ke kwayan nan Tesalonik yo, yo tout te aksepte Kris la Kòm Seyè ak Sovè yo, yo bezwen toujou grandi pandan y ap transfòme selon karaktè Jezi ki se Kris la.

Pati imen an nan sanntifikasyon an

Kòman kretyen an prepare li pou ranplisaj Sentespri a?

John Wesley te anseye ke gen twa faktè ki prepare kwayan an pou l sanntifye antyèman. Repantans ke li fè premye faktè a.

> *"Mezanmi, se pou nou wi Bondye te fè tout pwomès sa yo. Ann kenbe kò nou ak nanm nou nan kondisyon pou n' sèvi Bondye! Ann voye tout bagay ki ka wete nou nan kondisyon sa a jete! Ann chache viv apa pou Bondye! Ann viv nan krentif li!"* 2 Korentyen 7:1 (Bib Kreyòl, Vèsyon Louis Segond).

Repantans sa a diferan de eksperyans konvèsyon ki anvan an. Sa pa soti nan kilpabilite pou peche ki te komèt la, men li soti nan dekouvèt dezi peche ki rete nan kè li, li pa kapab libere kèlkeswa kantite efò ke li fè.

Dezyèm faktè a se dezi pou fè mouri peche a, pou debarase de tout tras peche ki abite nan li. Twazyèm faktè a se lafwa, sa vle di, konfyans ke Bondye ap delivre li soti nan enklinasyon pou fè peche a. Lafwa fè sa posib pou kwè ke Bondye ap travay pirifikasyon sa a andedan kè li (Travay 15:8, 9; 26:18; Galat 6:14).

Nan eksperyans sanntifikasyon total la, moun nan jwe yon wòl enpòtan, pliske li genyen tout libète nan men li pou ke li reponn ak lanmou Bondye a, pandan ke l'ap konsakre tout tan li pou ke Seyè a itilize li jan ke li konsidere l pi bon an.

Aksyon konsekrasyon an gen rasin li nan Ansyen Testaman an. Yo mande pèp Izrayèl la pou li te sanktifye li pou sèvi Seyè a (Jozye 3:5). Nan Nouvo Testaman an atitid ke yo mande de moun nan se "rann tèt" oswa "prezante" li konplè pou Bondye (Women 6:13; 19; 12:1) epi yon aksyon konsekrasyon ka fèt sèlman nan yon moun ki fèt yon dezyèm fwa (Women 6:13).

Apot Pòl te anseye ke chak kretyen aple pou prezante tout yo menm tankou yon sakrifis vivan epi ki fè Bondye plezi (Women 12:1). Oto-sakrifis sa oubyen ofrann volontè sa soti nan yon kè ki rekonesan an repons ak lanmou Bondye a.

Aksyon konsekrasyon an rive reyalize atravè yon lapriyè remisyon enkondisyonèl ki gen ladan tout lavi, kapasite ak byen, tou de nan moman sa a ak nan tan kap vini an, se yon remisyon lavi ki konplèt pou sèvis Bondye a.

> Ranplisaj Sentespri a se kondisyon pou nenpòt sèvis anvè Bondye : "Se pou sa, frè m' yo, chwazi sèt gason pami nou ki gen bon repitasyon, ki anba pouvwa Sentespri, ki gen kont bon konprann sou yo. N'a ba yo fè sèvis sa a" (Travay 6:3).

Pati pa Bondye a nan sanntifikasyon an

Kisa Bondye fè pou l pirifye kè nou?

Aksyon ke Bondye fè lè ke li ranpli pitit li yo ak Sentespri a atravè sanntifikasyon an pou pirifye, netwaye peche, oubyen rann li apa pou Bondye. Sa a se yon bagay ke kretyen an li menm pa kapab fè poukont li.

Nan sanntifikasyon total moun nan tout antye a, lespri, ak nanm nan rete anba dominasyon Kris la (Women 8: 7). Sepandan eksperyans sa a fè kretyen an pafè, nan sans ke li pa ka mal nan panse li ak aksyon li. Men, lè li sanntifye a, Senyè a pirifye entansyon kè li pou ke panse li yo, fason pale li yo ak aksyon li yo kontinyèlman dirije pou fè sa ki fè Bondye plezi.

Moun ki sanntifye a pa lib pou peche. Se poutèt sa, li dwe okipe li nan zafè delivrans li avèk anpil atansyon, rete obeyisan toutan, pandan ke l'ap

Leson 6 - Kòman Mwen Kapab Vin Sanntifye?

egzamine lavi li epi rete dosil anba gid Sentespri a, li menm ki korije li epi fè li vin sanble ak Kris la pi plis chak jou (Filipyen 2:12). Desizyon pou viv nan sentete epi sèvi Bondye avèk tout fòs la dwe yon bagay ki renouvle chak jou.

Dezyèm zèv lagras la resevwa plizyè non diferan: sanntifikasyon kwayan an, sanntifikasyon total la, lanmou pafè oubyen ranplisaj Sentespri a. Se gras ak eksperyans kwayan sa ki fè ke kounye a li sanntifye, li panche pou fè volonte Bondye a san pou san. Nan sanntifikasyon an, nati moun nan vrèman chanje epi li rantre nan yon amoni ki otantik avèk volonte Bondye epi imaj Bondye a kapab renouvle nan pitit fi ak pitit gason li yo (1 Tesalonisyen 5:23).

Antyè sanntifikasyon an se pa dènye eskalye pou rive atenn nan lavi kwayan an, men pito se kòmansman yon lavi an kwasans *"Okontrè, se pou nou grandi nan favè ak konesans Jezikri, Seyè nou ak Sovè nou. Se pou li tout lwanj la, koulye a ak pou tout tan"* (2 Pyè 3:18).

> *"Mwen mande Bondye ki bay kè poze a pou l' fè nou favè pou nou viv pou li nèt ale. Konsa, lè Jezikri, Seyè nou an, va vini, li p'ap jwenn nou ak ankenn defo, ni nan kò nou, ni nan lespri nou ni nan nanm nou"* (1 Tesalonisyen 5:23).

Konsèy pou etid leson sa a:

Sanntifikasyon

Jeremi 31:31-34	*1 Jan 1:7-9*
Ezekyèl 36:25-27	*2 Korentyen 6:14-7:1*
Malachi 3:2-3	*Galat 2:20; 5:16-25*
Matye 3:11-12	*Efezyen 3:14-21; 5:17-18, 25-27*
Lik 3:16-17	*Filipyen 3:10-15*
Jan 7:37-39; 14:15-23; 17:6-20	*Kolosyen 3:1-17*
Travay 1:5; 2:1-4; 15:8-9	*1 Tesalonisyen 5:23-24*
Women 6:11-13; 19; 8:1-4; 12:1-12	*Ebre 4:9-11; 10:10-17; 12:1-2; 13:12*

Pèfeksyon Kretyèn oubyen Lanmou Pafè

Detewonòm 30:6	*Filipyen 3:10-15*
Matye 5:43-48; 22:37-40	*Ebre 6:1*
Women 12:9-21; 13:8-10	*I Jan 4:17-18*
1 Korentyen 13	

Batèm avèk Sentespri a

Jeremi 31: 31-34	1 Pyè 1:22
Ezekyèl 36: 25-27	1 Jan 3:3
Malachi 3:2-3	Travay 1:5; 2:1-4; 15: 8-9
Matye 3:11-12	Women 15:29
Lik 3:16-17	

Sanntifikasyon total la se yon aksyon enstantane ke Bondye fè, e tou se yon pwosesis ke atravè li menm, kretyen an grandi konfòm ak modèl Jezi a.

Sentete Kretyèn

Matye 5:1 – 7:29	1 Tesalonisyen 3:13; 4:7-8; 5:23
Jan 15:1-11	2 Timote 2:19-22
Women 12:1-15:3	Ebre 10:19-25; 12:14; 13:20-21
2 Korentyen 7:1	1 Pyè 1:15-16
Efezyen 4:17-5:20	2 Pyè 1:1-11; 3:18
Filipyen 1:9-11; 3:12-15	Jid 20 ak 21
Kolosyen 2:20-3:17	

KISA NOU TE APRANN?

Sanktifikasyon total la oswa ranplisaj Sentespri a se volonte Bondye pou tout pitit gason ak pitit fi li yo. Pou resevwa dezyèm eksperyans sa a aprè konvèsyon an, kwayan an dwe remèt lavi bay Bondye totalman kòm yon ofrann nan fè sèvis pou Bondye. An repons, Bondye pirifye lavi li de tout move tandans epi ranpli li avèk Sentespri Li a. Se atravè ranplisaj Lespri Bondye a ke lanmou pafè pou Bondye a kapab devlope epi grandi nan lavi kretyen an pandan l'ap fè li vin plis sanble ak Kris la pi plis chak jou.

Leson 6 - Kòman Mwen Kapab Vin Sanntifye?

Aktivite yo

Tan 20'

ENSTRIKSYON:

1. Poukisa se volonte Bondye pou nou vin sanntifye?
   _____
   _____
   _____

2. Avèk ki lòt non moun konnen eksperyans sanntifikasyon total la?
   _____
   _____
   _____

3. Ki moun ki ka resevwa eksperyans sanntifikasyon total la epi poukisa?
   _____
   _____
   _____

4. Nan opinyon ou, ki obstak sa yo ki kapab anpeche yon pitit gason oswa pitit fi Bondye ranpli ak Lespri Sentespri a?

   1. _____
   2. _____
   3. _____

5. An koup, se pou nou pataje opinyon nou sou sa ki annapre yo: Si yon moun mande nou: Poukisa mwen bezwen ranpli ak Sentespri a? Ki sa ki ta repons ou?

   Answit, chwazi pi bon repons yo nan chak koup epi dyaloge ak rès klas la.
   _____
   _____
   _____
   _____
   _____
   _____

Leson 7

KI OBJEKTIF LEGLIZ LA?

Objektif yo

- Trase orijin ak nati Legliz la.
- Reflechi sou misyon Legliz la.
- Apresye batèm ak soupe Seyè a.

Lide Prensipal yo

- Se Jezi ki se Kris la ki te fonde Legliz la, Li menm ki se tèt li epi kò a se ansanm de disip li yo k'ap sèvi li atravè nasyon yo.
- Sakreman yo se mwayen lagras ke Jezi ki se Kris la te òdone, pou ede nou grandi nan lafwa ak inite antan ke Pèp Bondye.

Entwodiksyon

Kisa Legliz la ye? Èske li sèlman gen pou wè avèk yon òganizasyon ki gen yon ansanm de moun ladan li?

Nan atik lafwa nimewo 11, osijè de Legliz la, nazareyen yo afime:

Nou kwè nan Legliz la, kominote ki konfese Jezi ki se Kris la kòm Seyè, pèp alyans Bondye renouvle nan Kris la, Kò Kris la ki aple pou vin fè yon sèl pa mwayen Sentespri a atravè Pawòl la. Bondye rele Legliz la pou l vin eksprime lavi li nan inite ak kominyon nan Lespri a nan adorasyon pa mwayen predikasyon Pawòl la, nan obsèvasyon sakreman yo epi administre nan non li; pa mwayen obeyisans a Kris la ak responsablite youn anvè lòt.

Misyon Legliz la nan mond lan se kontinye travay redanmtè Kris la avèk pouvwa Lespri a, atravè yon lavi ki san tach, evanjelizasyon, fòmasyon disip ak sèvis. Legliz la se yon reyalite istorik ki òganize nan yon fòm kiltirèl; genyen anpil kongregasyon local menm jan ak kò inivèsèl ki mete moun ke Bondye aple yo apa pou kèk ministè espesyal. Bondye rele legliz la vin anba dominasyon li depi davans anvan ke Seyè a Jezi ki se Kris la retounen". (Manyèl Legliz Nazareyen 2017-2021).

Pou etid legliz la:
Egzòd 19:3,
Jeremi 31:33,
Matye 8:11, 10:7,
16:13-19, 24, 18:15-20,
28:19-20,
Jan 17:14-26, 20:21 - 23,
Travay 1:7-8, 2:32-47,
6:1-2, 13:1, 14:23,
Women 2:28-29, 4:16,
10:9-15, 11:13-32,
12:1-8, 15:1-3,
1 Korentyen 3:5-9, 7:17,
11:1, 17-33, 12:3, 12:31,
14:26-40,
2 Korentyen 5:11-6:1,
Galat 5:6,13-14;
6:1-5,15,
Efezyen 4:1-17, 5:25-27,
Filipyen 2:1-16, 1
Tesalonisyen 4:1-12, 1
Timote 4:13,
Ebre 10:19-25,
1 Pyè 1:1-2, 13,
2:4-12, 21; 4:1-2, 10-11,
1 Jan 4:17,
Jid 24,
Revelasyon 5:9-10.

Kòman Legliz la te pran nesans?

Nan seksyon sa, nou pral aprann kòman Legliz la te pran nesans.

Depi nan kòmansman istwa limanite, Bondye te toujou vle fòme pèp pal i a. Avèk objektif sa, Li te rele Abraram ke li te pwomèt leve yon gran pèp atravè jenerasyon li a pou ke yo te kapab sèvi yon gwo benediksyon pou tout fanmi ki sou latè (Jenèz 12:1-9). Avèk yon tan, Izrayèl te rive vin yon nasyon ke Seyè a te chwazi, men byen souvan, yo te bliye misyon ke Bondye te ba yo lòd egzekite a pou yo te sèvi kòm yon limyè pou nasyon yo. Pi devan, Bondye anonse atravè pwofèt yo ke li t'ap gen pou l te fòme yon pèp ki t'ap genyen tout nasyon yo ladan li epi pèp li sa se Legliz la (1 Pyè 2:9-10).

Akoz de move jesyon Izrayèl nan misyon li, Bondye te akonpli objektif li a lè ke Li te voye Pitit li Jezi ki se Kris la, li menm ke atravè ministè li, lanmò ak rezireksyon li, li te kòmanse ministè Legliz la lè li te kite responsablite preche levanjil nan tout nasyon yo nan men disip li yo (Matye 28:18-20).

Kretyen yo make nesans Legliz la nan jou Lapannkòt la, lè ke sanven disip, fanm kou gason te rasanble nan chanm anlè a, aprè yon bèl peryòd ke yo te pase nan lapriyè, yo te ranpli ak Sentespri a epi yo te kòmanse evanjelize epi fè disip nan anpil nasyon ki te ransanble nan lavil Jerizalèm (Travay 2:1-42).

Karakteristik Legliz la

Kòman vrè Legliz Jezi Kris la ye?

Tradisyonèlman, teyolojyen yo wè kèk karakteristik espesyal ki diferansye Legliz la. Pa egzanp:

1. **Legliz Seyè a vizib ak envizib an menm tan.** Li vizib paske nou kapab wè frè nou yo nan kongregasyon local yo, men li envizib paske li konpoze de tout kretyen ki nan tout kongregasyon ki te deja pase epi ki nan prezans Seyè a.

2. **Legliz la lokal ak inivèsèl.** Lokal, lè l fè referans ak yon gwoup fidèl k'ap pèsevere yon sèl kote. Inivèsèl, paske li genyen yon ansanm de kwayan ki nan tout ras ak tout epòk yo.

3. **Legliz la se yon sèl epi li divès.** Inite Legliz la nan kondisyon pou yo fè yon sèl nan Kris la. Men li divès paske li manifeste nan plizyè kongregasyon lokal diferan.

4. **Legliz la sen epi enpafè.** Pliske Kris la sen, ebyen antan ke Kò espirityèl Kris la, li menm tou li sen; sepandan, pliske li fòme avèk moun, li toujou nan nesesite pou li netwaye de peche.

Metafò legliz la

Atravè metafò biblik, yo ka aprann plis sou Legliz la.

Lè Bib la vle anseye verite konsènan Legliz Kris la, li itilize konparezon, parabòl oswa figi estil. Nou pral etidye sa kèk nan metafò Legliz la anseye nan tablo sa a:

Tanp ak legliz la, èske yo sinonim?

Daprè Bib la, legliz la se pa yon kote oubyen yon gwo kay kote nou reyini pou nou fè sèvis pou Bondye. Legliz la se ansanm de moun ki rasanble pou adore, pou aprann nan men Seyè epi genyen akonpayman (2 Korentyen 6:16). Chak fwa ke Legliz la reyini, se paske Bondye konvoke li pou aprè sa li voye li nan mond lan pou al sèvi li.

"Gade byen: nou gen anpil manm nan yon sèl kò, men chak manm gen sèvis pa l' apa. Se konsa tou, nou anpil, men nou fè yon sèl kò ansanm ak Kris la. Nou tout nou fè yon sèl kò tou yonn ak lòt, tankou plizyè manm nan yon sèl kò" (Women 12:4-5).

Metafò Biblik Legliz la	Sitasyon	Ansèyman Prensipal
Yon bann mouton	Jan 10:1-18	Jezi ki se Kris la se Bondye Bèje a, li menm ki pran swen, nouri ak defann Legliz li a (bann mouton), li menm rive bay lavi li pou li.
Fiyanse Kris la	Revelasyon 19:7-8	Jezi ki se Kris la se fiyanse k'ap vin marye ak Legliz la, li menm k'ap prepare li nan sentete pou nòs Ti mouton an, evènman ki gen pou rive nan dezyèn vinili a.
Edifis	Efezyen 2:19-22	Fondman Legliz la se apot yo ak pwofèt yo, gwo wòch ki kenbe tout fondasyon an se Kris la. Edifis sa se tanp ki sen an epi li se kay kote Sentespri a rete, epi tanp sa kontinye ap grandi pandan ke li kontinye ap fè plis disip chak jou.
Kò Kris la	Women 12:3-8; 1 Korentyen 12:12-27	Legliz la ini avèk Kris, lidè li a (tèt) espirityèl la. Manm li yo ede youn lòt epi yo chak akonpli pwòp fonksyon pa yo (ministè) espesyal nan mete kado espirityèl yo an pratik.
Pèp Bondye (Nasyon sen)	1 Pyè 2:9	Menm jan ke Bondye te chwazi Izrayèl pami tout pèp yo pou l te vin yon pèp ki apa pou Li, se menm jan tou ke Bondye chwazi Legliz la pou l vin nouvo pèp Li.

Kretyen yo se wayòm sakrifikatè
Antan ke sakrifikatè, kretyen yo gen privilèj pou yo entèsede nan lapriyè devan Bondye pou moun sa yo ki nan peche, pou ke yo kapab konsakre lavi yo bay Kris la epi yo kapab sove.

Kò Kris la se youn nan imaj prefere ke Pòl te konn itilize lè li t'ap fè referans ak Legliz la. Pou kisa? William Barclay reponn: "Manm kò yo pa diskite ant yo, ni yo pa anvyesò youn lòt, ni yo pa diskite sou enpòtans ke youn genyen pase lòt. Chak pati nan kò a devlope pwòp fonksyon pa li, san gade konbyen dekouvèt oubyen kache fonksyon sa ta ye."

Sakreman yo oubyen mwayen lagras yo

Nan seksyon sa a, nou pral etidye pratik ke Jezi òdone yo.

Sakreman yo se yon ansanm de pratik ak selebrasyon ke Jezi te bay Legliz la lòd reyalize. Sa yo trè enpòtan pliske yo kominike anpil ansèyman fondamantal sou lafwa kretyèn nan, yo ede afime idantite kòm pèp Bondye a, pou fòtifye kominote a ant kwayan yo, epi pataje prezans Kris la pa mwayen aktivite Sentespri a.

Teyolojyen Orton Wiley eksplike siyifikasyon sakreman tankou sa: *"Yon siyal ekstèn epi vizib ki soti nan yon gras ki entèn ak espirityèl ke nou resevwa, òdone pa Kris la kòm yon mwayen ki pèmèt nou resevwa gras sa, ak pwomès pou ke nou asire nou de sa"* (1976, p. 428).

Se pa tout konfesyon nan lafwa yo ki genyen menm pwen de vi konsènan siyifikasyon sakreman yo. Pa egzanp, Legliz Katolik Womèn nan ak Legliz Grèk Otodòks la selebre sèt sakreman: batèm, kominyon, konfimasyon, penitans, onksyon ekstrèm, ak maryaj. Men, Pifò nan legliz Pwotestan yo rekonèt sèlman de sakreman: batèm ak sent sèn, pliske se sèlman yo menm ke Jezi ki se Kris la te etabli (Matye 28:19, 26:26-27).

Sent Sèn oubyen Kominyon

Sent Sèn nan se yon fèt espirityèl Kominyon avèk Kris.

Sakreman: Li soti nan vokabilè sacro, ki vle di sakre.

Legliz Nazareyen deklare nan atik lafwa nimewo 13 li a:

"Nou kwè ke Repa komemoratif ak kominyon etabli pa Seyè nou ak Sovè Jezikri, se esansyèlman yon Sentsèn nan Nouvo Testaman an, ki deklare lanmò ekspyatwa li sou kwa a, akoz de aksyon sa a, kwayan yo gen lavi ak Sali a, ak pwomès la nan tout benediksyon espirityèl nan Kris la. Li espesyalman pou moun sa yo ki prepare pou apresye siyifikasyon li yo, epi pa mwayen li menm yo anonse lanmò Seyè a jouk li vini ankò. Pliske se yon fèt kominyon, se sèlman moun ki gen lafwa nan Kris la ak lanmou pou pèp Bondye a, yo ta dwe rele pou patisipe ladan li". (Manyèl Legliz Nazareyen 2017-2021).

Nan 1 Korentyen 10:14 a 11:26 Apot Pòl anseye Legliz la enpòtans selebrasyon Soupe Seyè a.

1. Pòl fè yon diferans ant kominyon payen an ak zidòl li yo ak kominyon kretyèn nan avèk Kris la.

2. Sa a se yon ansèyman ke Legliz la te resevwa dirèkteman nan men Seyè a. Depi nan pwen de vi Pòl la, Repa Seyè a ke Legliz la pratike a, li ranplase fèt jwif fèt Pak la. Sa a se paske kominyon an se yon pati komemoratif nan mwayen yo itilize pou liberasyon espirityèl nou, ki se, kò a ak san Jezi a ki te koule pou nou sou bwa Kalvè a. Pen ki pataje a reprezante kò Kris la epi ji rezen reprezante san li.

3. Se yon fèt kote ke nou kapab sonje ak selebre depi davans, pwomès retou Jezi ki se Kris la, Seyè nou an pou yon dezyèm fwa.

4. Selebre inite manm legliz yo. Nan vèsè 10:17 Pòl deklare: *"Gen yon sèl pen kote nou tout patisipe; pou sa, malgre nou anpil, nou fòme yon sèl kò"*.

Pou etid sou sakreman yo:
1 Korentyen 10:14-22, 11:23-24
Travay 8:26-39
Women 6:1-13.

> "Apre sa, li pran pen, li di Bondye mèsi, li kase li. Li ba yo l', epi li di yo: "Sa se kò mwen. Se mwen menm ki bay li pou nou. Se pou nou fè sa pou nou ka toujou chonje Mwen" (Lik 22:19, vèsyon biblik Louis Segond).

5. Se yon nouvo opòtinite pou di mèsi pou nouvo lavi sa a ke Bondye fè nou kado akoz de gwo lanmou ak mizèrikòd li. Chak fwa ke nou patisipe soupe sa a kote ke Seyè a envite nou, nou selebre ak sonje ke Sali nou an genyen yon pri ki wo ke Bondye te bay Pitit li a ki se Jezi Kris.

Batèm nan

Nan seksyon sa a nou pral etidye siyifikasyon batèm nan.

Depi nan tan Ansyen Testaman an jwif yo te konn batize moun sa yo ki te fè pati de lòt pèp ak relijyon, epi te vle konvèti nan Jidayis la. Jan Batis, li menm ki te vini avan Jezi nan ministè li, batize nan larivyè Jouden an, moun ki repanti nan peche e yo te vle kòmanse yon lavi nan obeyisans anvè Bondye (Matye 3:1-12).

Anvan ke li te monte nan syèl la, Jezi ki se Kris la te bay disip li yo lòd sa yo: Jezi pwoche bò kote yo, li di yo konsa: Mwen resevwa tout pouvwa nan syèl la ak sou tè a. Ale fè disip pou mwen nan tout nasyon, batize yo nan non Papa a, Pitit la ak Sentespri a. Moutre yo pou yo obsève tou sa mwen te ban nou lòd fè. Chonje sa byen: mwen la avèk nou toulejou, jouk sa kaba" (Matye 28:18-20).

Nan premye prèch li a, Pyè te preche: "Tounen vin jwenn Bondye, epi yonn apre lòt vin resevwa batèm nan non Jezikri, pou Bondye padonnen tout peche nou yo. Apre sa, n'a resevwa Sentespri, kado Bondye a" (Travay 2:38). Se poutèt sa, pou patisipe nan Sakreman batèm nan, li te nesesè pou kwè nan Kris la epi retounen vin jwenn Bondye. William Barclay di ke pou kretyen bonè (Travay 8:26-39), batèm te vle di omwen twa bagay:

Twa fòm batèm:
- Aspèsyon: Wouze oubyen mikte ak dlo.
- Afizyon: vide yon ti kras dlo.
- Koule: plonje tout kò nan dlo.

1. **Pirifikasyon peche.** Dlo te toujou yon senbòl netwayaj.

2. **Li te make yon moman defini nan lavi.** Se kòmansman yon nouvo lavi tankou yon disip Jezi.

3. **Se te yon vrè inyon avèk Kris la.** Nan plonje nan dlo yo, se te tankou mouri ak ke yo te antere l', tankou se te Kris la, epi tankou Mèt, li te tou leve pou yon nouvo lavi (Women 6:1-4).

Pou etid sou batèm lan:
Matye 3:1-7, 28:16-20,
Travay 2:37-41,
8:35-39, 10:44-48,
16:29-34, 19:1-6,
Women 6:3-4,
Galat 3:26-28,
Kolosyen 2:12,
1 Pyè 3:18-22.

Legliz Nazareyen an mete aksan sou valè Sakreman batèm nan afime nouvo disip la nan lavi kretyen nan atik lafwa nimewo 12:

"Nou kwè ke **batèm** kretyen, òdone pa Senyè nou an, se yon Sakreman ki siyifi aksepte benefis yo atravè Ekspyasyon Jezi Kris la, ki dwe administre kwayan yo, epi ki deklare lafwa yo nan Jezikri kòm Sovè yo, ak plen objektif obeyisans nan sentete ak jistis. **Batèm** nan se yon senbòl nouvo kontra, yon moun ka batize jèn timoun, sou demann paran yo oswa gadyen legal yo, li *menm ki pral pwomèt ansèyman kretyen ki nesesè yo. **Batèm** nan kapab administre pa aspèsyon, afizyon oubyen imèsyon, tou depann de preferans kandida a."* (Manyèl Legliz Nazareyen 2017-2021).

Senk Fonksyon Prensipal Legliz la

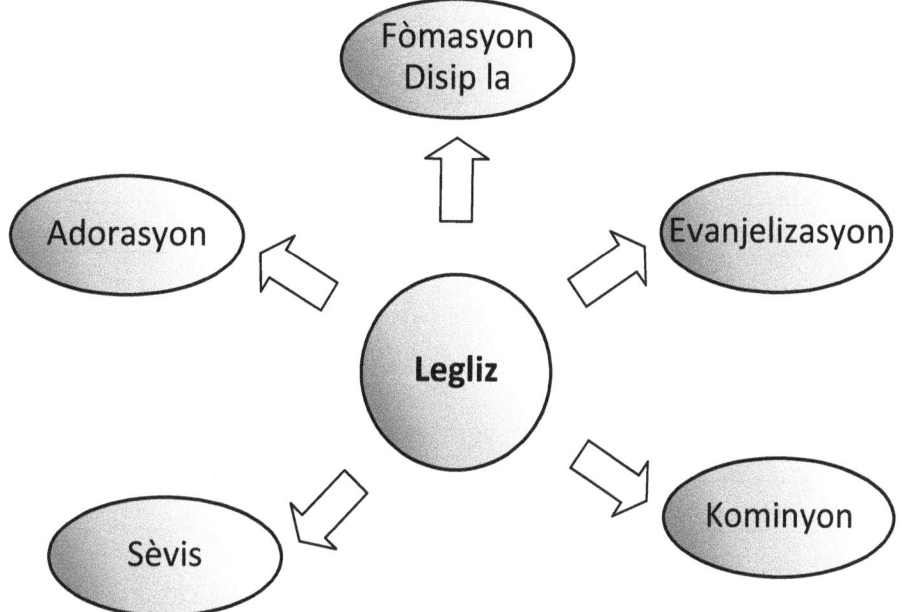

Pou etid sou repa Seyè a:
Egzòd 12:1-14,
Matye 26:26-29,
Mak 14:22-25,
Lik 22:17-20,
Jan 6:28-58,
1 Korentyen 10:14-21, 11:23-32.

Te genyen yon misyonè ki gen abitid batize moun ki konvèti sou predikasyon li yo nan yon rivyè, li te konn fè yo antre nan rivyè a sou kote epi, aprè li fin batize yo, li te mande yo retounen soti nan dlo a nan lòt bò a, se tankou li te genyen yon liy ki te trase pou te voye yo nan yon lòt direksyon nan lavi.

KISA NOU TE APRANN?

Se Jezi ki se Kris la ki te fonde Legliz la avèk objektif pou ke disip li yo reyini pou adore, nou nan Pawòl la, etabli fratènite ak sèvis yo nan mond lan ak evanjelizasyon pou fè disip Kris la. Legliz la gen nati sen ak divin, men tou imen ak enpafè. Jezi etabli de sakreman, batèm tankou senbòl Nouvèl Nesans kòm disip ak kominyon, kòm yon rapèl pèmanan sou inyon pèp li a kote Seyè li a.

Leson 7 - Ki Objektif Legliz La?

Aktivite yo

Tan 20'

ENSTRIKSYON:

1. Ki orijin ak objektif egzistans legliz la?
   _____
   _____
   _____
   _____

2. Nan pawòl ou, eksplike poukisa tanp lan ak legliz la pa sinonim?
   _____
   _____
   _____
   _____

3. Ranpli akwostich sa a konsènan legliz la jan yo etidye nan leson sa a.

   A. _ _ _ _ _ _ _ L
   B. _ _ _ _ E _ _ _   _ _ _ _ _
   C. G _ _ _
   D. _ _ _ _ _ L _ _ _ _ _ _ _
   E. _ _ _ I _ _ _ _
   F. _ _ Z _ _ _ _

A. Legliz ki fèt ak tout kwayan nan tout ras ak laj yo.

B. Youn nan de sakreman yo te pratike pa legliz Pwotestan yo.

C. Teyolojyen Orton Wiley eksplike siyifikasyon sakreman an kòm "yon siyal ekstèn epi vizib ki soti nan yon _____ ki entèn ak espirityèl...",

D. Youn nan objektif egzistans Legliz la.

E. Youn nan anpil lòt non pou Soupe Seyè a

F. Fondatè Legliz la.

Leson 8

Kisa Bib La Di Osijè De Avni An?

Objektif yo

- Klarifye siyifikasyon "Peyi Wa ki nan syèl la".
- Identifye evènman dezyèm vini Kris la.
- Konnen sou jijman final la ak lavi ki pap janm fini an.

Lide Prensipal yo

- Peyi wa ki nan syèl la se yon reyalite pase, prezan ak fiti.
- Gen plizyè evènman nan istwa Sali a ki toujou gen pou vini, tankou jijman final la, pinisyon lènmi Bondye yo ak rekonpans pou pèp fidèl li a.
- Wayòm jistis Jezi ki se Kris la pral etabli konplètman sou pèp li a nan dezyèm vini l la.

Li nòmal pou nou santi kiryozite osijè de dezyèm vini Kris la, men nou dwe aksepte ke gen bagay ke Bondye kenbe an sekrè pou tèt li, se sèlman li menm ki dwe konnen yo (Travay 1:7). Sa nou konnen ki vrèman reyèl la, se ke Jezi Kris kapab vini nenpòt ki lè, se poutèt sa ke nou dwe toujou prepare nou pandan ke n'ap viv nan sentete.

Entwodiksyon

Genyen plizyè entèpretasyon diferan san fondman biblik serye sou evènman ki antoure dezyèm vini Kris la. Anpil moun pale, ekri liv e menm fè sinema sou jan ak ki lè "Gran tribilasyon", chache fidèl nan Legliz la, revelasyon antikristyanism, epi jete konfizyon sou li.

Li enpòtan pou w sonje ke depi ke Jezi monte nan syèl la, te genyen yon gwoup de moun ki t'ap pretann ke yo konnen jou ak lè retou a, men nou pa dwe konfonn ditou pliske Jezi li menm te di ke sèl moun ki konnen jou ak lè retou li a se Papa nou ki nan Syèl la (Matye 24:36).

Nan leson sa a nou pral limite tèt nou nan etidye sa ke Legliz Nazareyen kwè ak anseye sou evènman sou lavni ki antoure vini Wayòm Jezi ki se Kris la ki pap janm fini an pandan ke n'ap baze nou sou Bib la.

Wayòm Bondye a

Ki kote li soti? Ki kote ak kilè Wayòm nan ap fè aparisyon li?

Sijè Wayòm Bondye a enpòtan anpil pou nou konprann evènman prezan ak fiti, se poutèt sa li esansyèl pou konnen ak ki sa Pawòl la fè referans lè ke li pale de Wayòm Bondye a?

Yon moun ki te anseye pi klèman sou Wayòm nan se te Seyè Jezi ki se Kris la. Li pwoklame mesaj li a kòm "levanjil Wayòm nan" (Matye 4:12, 13,17). Jezi te anseye ke Wayòm Bondye a te vini nan mond lan avèk li e ke otorite li kòm Wa nan Wayòm sa a san limit.

Tèm Wayòm Bondye a se youn nan diskisyon ki plis nan teyoloji Kretyèn nan paske li genyen ampil entèpretasyon diferan pou li. Youn nan pi plis yo distribiye nan kontèks nou an se pa Legliz Katolik Womèn nan, ki afime ke tout bagay ki pa fè pati de Legliz Katolik Womèn nan, li andeyò wayòm Bondye a. Entèpretasyon sa a ki limite Wayòm Bondye a nan yon òganizasyon imen, se menm jan ak sipoze pa gwoup relijye tankou Temwen Jewova yo ak Mòmon yo.

Sepandan, lè yo etidye Pawòl la, li klè ke Wayòm sa a pa limite pa yon òganizasyon, men se pou tout pitit gason ak pitit fi Bondye. Wayòm sa a ap deplwaye nan twa tan istorik, paske li te gen konmanson li yo, se gaye jodi a epi yo pral egziste pou tout tan.

1) **Wayòm nan te vini avèk Kris la, Li menm ki se Wa li.** Sa a tankou nenpòt ki lòt Wayòm gen lwa li yo, men nan ka sa a, lwa yo ekri nan kè moun ki fè pati de li.

2) **Wayòm nan ap elaji,** li genyen teritwa ak chak nouvo lavi ki aksepte Kris kòm Sovè ak Seyè li.

3) **Wayòm nan ap vini an plen nan dezyèm vini Kris la,** lè gouvènman san limit epi etènèl li a pral etabli sou pèp li a ak tout kreyasyon an (Mak 1:14-15).

An konklizyon, li ka deklare ke Wayòm Bondye a prezan nan mond sa a kounye a nan lavi chak moun k ap viv anba dominasyon Jezi ki se Kris la (Matye 12:22-28; 13:44-46, Mak 4:3; 12:34, Lik 17:20-21).

Siyifikasyon mo "Wayòm" nan, soti nan vokabilè grèk basileia ki genyen de sans, youn konkrè ki se "dominasyon", "teritwa", "Wayòm" oubyen "pèp ki genyen yon wa k'ap gouvène li", ak lòt la abstrè ki endike "Souverènte" oswa "pouvwa wayal". Lè yo di ke y'ap preche "levanjil Wayòm Bondye a" sa konprann kòm "levanjil teritwa Bondye a", li pa fè referans ak yon pwen jeyografik answa, men pito se nan souvrènte Bondye.

Dezyèm vini Kris la

Nou menm nazareyen yo, kisa nou kwè osijè de retou Kris la?

Lè Jezi ki se Kris la te vini pou premyè fwa a, li te gen yon misyon pou l te akonpli, preche bon nouvèl Wayòm Bondye a epi akonpli plan Sali a lè li ta kloure sou kwa a, mouri, ak resisite (Travay 10: 39-41). Yon pati nan misyon li se te etabli Legliz la pou ke li te kontinye travay la ke Li te déjà kòmanse a, li komisyone li pou fè disip Wayòm nan nan tout nasyon yo (Travay 10:42-43).

Jezi ki se Kris la te pwomèt legliz li a ke li ta gen pou l vini ankò nan tout pouvwa li ak tout bèl glwa li (Travay 1:11). Nan Nouvo Testaman an evènman sa a dekri nan mo grèk parousia ki vle di prezan oswa prezans (2 Korentyen 4:1-3). Mo sa a tradwi tou tankou vini oswa rive (1 Tesalonik 4:13).

Legliz Nazareyen an pa espekile sou lòd evènman nan lavni yo, ni sou jou lè Jezi ap vini ankò. Nan Atik Lafwa Nimewo 15 lan "Dezyèm Vini Kris la" li deklare:

"Nou kwè ke Seyè Jezi ki se Kris la ap vini ankò; ke nou menm k'ap viv toujou nan moman l'ap vini an, nou pap mouri menm jan ak moun ki te déjà mouri nan Kris yo; men, si nou rete atache avèk Li, nou pral anlve ansanm avèk sen yo ki pral resisite pou n'al rankontre Seyè a anlè a, epi nou pral toujou rete avèk Li." (Manyèl Legliz Nazareyen 2017-2021)

Konsènan tan akonplisman li a, pwofesi biblik yo klase an twa kalite:

1. Pwofesi ki deja akonpli yo. Se sa yo ki te fè referans ak moun pèp Izrayèl yo ak pou moun peyi Jida yo, konsènan premye vini Jezi ki se Kris la ak etablisman Legliz atravè aparisyon Sentespri a ki pral viv nan kè pitit gason ak pitit fi Bondye yo.

2. Pwofesi nan pwogrè konfòmite. Sa yo ye evènman ki gen rapò ak istwa nan nasyon Izrayèl la ak Legliz la.

3. Pwofesi ki poko akonpli yo. Yo menm ki konsène lavni pèp Izrayèl la ak legliz la, epi sitou sa yo ki gen rapò ak dezyèm vini Jezi ki se Kris la ak etablisman Wayòm etènèl Bondye a.

Lesson 8 - Kisa Bib La Di Osijè De Avni An?

Nati Wayòm se yon bagay ki soti nan Syèl la paske li se epi soti nan Bondye (Matye 6:9, 10, 33, 12:28, 21:31 ,43).

Pi devan nan atik lafwa nimewo 16 la sou "Rezireksyon, jijman ak desten an", li deklare:

"Nou kwè nan rezireksyon mò yo, nou kwè ke moun ki te mouri nan Kris yo menm jan ak payen yo va leve epi nan tèt kole ak lespri yo—'moun sa yo ki te fè bon zèv yo pral leve vivan pou lavi ki pap janm fini an; men kanta pou moun sa yo ki t'ap fè sa ki mal pral leve vivan pou yo resevwa kondannasyon'.

Nou kwè nan jijman ki gen pou vini an kote ke tout moun pral parèt devan Bondye pou jije selon aksyon yo te poze nan lavi sa.

Nou kwè ke pou moun sa yo ki sove paske yo kwè nan Jezi ki se Kris la Sovè nou an epi kontinye mache nan obeyisans, li genyen asire bèl lavi ki pap janm fini an; epi pou moun sa yo ki kontinye pèsevere nan fè sa ki mal jouskalafen gen pou soufri nan lanfè ki pap janm fini" (Manyèl Legliz Nazareyen 2005-2009).

Se poutèt sa, Legliz Nazareyen konprann ke Bib la prezante istwa limanite ak linivè a se pa sou fòm klinik, men pito literal, epi li kontinye avanse selon plan Bondye jiska moman kote ke Jezi ki se Kris la va retounen epi Bondye pral etabli Wayòm jistis li ki pap janm pran fen. Pawòl la anseye ke nan moman kote ke Jezi ki se Kris la ap vini an, pral genyen anpil gwo evènman ki pral pase, n'ap genyen pou ke nou etidye bagay sa yo pi devan.

Rezireksyon moun ki mouri yo

Kisa ki pase ak lespri a lè ke yon moun mouri?

Etap lavi kounye a pou antre nan lavi ki pap janm fini an se yon bagay ke tout moun gen pou yo eksperimante bonè oubyen ta. Anpil moun ap gen pou yo pase nan eksperyans lanmò a, men sa pa pwen final egzistans lòm, men pito se yon etap a yon fòm egzistans diferan.

Aprè ke moun yo fin mouri, moun yo kontinye nan yon eta de konsyans, sa vle di, y'ap kontinye rete reveye, y'ap kapab pale epi gen kapasite pou yo santi ak sans yo. Jezi te anseye tout pitit fi ak pitit gason li yo ke lè yo ta mouri, yo pral rete avèl Li yon kote, kote sa dekri antan ke "paradi" (Lik 23:43). Pòl dekri eksperyans sa kòm agreyab ak enteresan, pliske se ladan li ke kretyen an libere de soufrans ki asosye nan lavi nan lachè a, kòm doulè, maladi, pèsekisyon, tristès, ak anpil lòt bagay ankò (Filipyen 1:21-24). Men Jezi te dekri eksperyans moun ki te refize l yo pral fè aprè yo fin mouri tou, sa ki pral yon doulè ak soufrans ki pap janm fini (Lik 16:19-31).

Men la a, tout bagay pa fini, lè ke Kris la vini pou yon dezyèm fwa, tout mò yo pral resisite. Nan Jan 5:28-29 di konsa: *"Nou pa bezwen sezi. Lè a pral rive: tout mò ki nan tonm pral tande vwa li, yo pral leve soti vivan nan tonm yo. Moun ki fè sa ki byen pral leve pou resevwa lavi ki p'ap janm fini an. Men, tout moun ki fè sa ki mal pral leve pou resevwa kondannasyon yo."*

Apot Pòl te anseye sou esperans fiti kretyen an nan Wayòm nan k'ap vini nan tout abondans li avèk Kris la nan dezyèm vini li an epi k'ap pote jistis ki bon nèt la, l'ap pote kè kontan ak lajwa sou latè pou toutan (Women 14:17, Kolosyen 1:13, 1 Korentyen 6:9, 15:50, Galat 5:21, Efezyen 5:5, 2 Timote 4:1,18).

Lekòl Lidèchip - Prensip Pou Lavi Kretyèn Nan

Lè yon moun mouri, kò fizik la vin tounen pousyè tè, ki se matyè a ak ki li te kreye a (Jenèz 3:19), men lespri a pap mouri. Nan rezirèksyon an, lespri a resisite nan yon nouvo kò, transfòme, diferan nan nati, kote chak moun pral kontinye egzistans etènèl yo (1 Korentyen 15:23, 42-44). Tout moun yo pral leve byen vivan (Revelasyon 20:12,13), kwayan yo pral resisite pou lavi epi payen yo pral leve vivan pou kondanasyon (Danyèl 12:2, Jan 5:29).

Moun ki vivan yo nan moman vini Kris la pral fè eksperyans ak yon transfòmasyon kote ke yo pral resevwa tankou moun ki te resisite a kò pou letènite. Apot Pòl ak Jan nan liv Revelasyon an yo ini evènman rezirèksyon moun ki mouri yo ak yon lòt evènman kote Seyè a pral reyini pou tout tan ak Legliz li a (1 Tesalonisyen 4:16-18).

Dezyèm vini Kris la kòm pwomès sali a se pa sèlman pou pitit gason ak pitit fi Bondye yo, men pou tout kreyasyon ki soufri anba kontaminezon peche epi tann jou liberasyon an tou (Women 8: 18-21). Doktrin dezyèm vini Kris la te youn nan poto mitan lafwa kretyèn nan epi li te soutni espwa Legliz la nan tout tan nan mitan soufrans ak pèsekisyon.

Jijman final la

Kisa jijman final la genyen ladan li?

Jezi Kris pral vini kòm yon jij pou jije tout limanite epi sa ap fèt apre tout moun ki mouri yo fin leve soti vivan (Jan 5:22,23, Travay 17:31; 2 Korent 5:10). Objektif pwosesis sa a se pou pini moun sa yo ki te refize viv nan obeyisans pawòl Bondye a epi rekonpanse moun ki te disip fidèl nan Jezi Kris yo.

Nan tribinal sa a yo pral jije chak moun dapre zèv yo, panse yo, pawòl yo ak motivasyon yo pandan lavi sa a (Daniel 7:9,10; Eklezyas 12:14; Wòm 2:16, Jid 14,15; Revelasyon 20:11-13). Malgre ke netwayaj soti nan peche a resevwa pa lafwa epi yo pa travay, nan jijman Nan fen an tout bon aksyon yo pral rekonpans (2 Korentyen 5:10).

Lavi ki pap janm fini an

Nan seksyon sa a, nou pral aprann osijè de "syèl la".

Lè kretyen pale de "syèl la" an reyalite, yo fè referans ak lavi etènèl ki prepare pou tout pitit gason ak pitit fi Bondye yo. Nan lòt pasaj nan Bib la, yo fè referans ak kote sa a ke yo rele "lavil sen Bondye a", "nouvèl Jerizalèm", "tabènak Bondye a" (Revelasyon 21:2,3).

Malgre ke pa gen anpil enfòmasyon nan Pawòl la sou kote sa a, sepandan, nou pral wè ansanm sa ke yo te revele nou:

- Se yon lavi nan kontantman konplè, kote kwayan an pral kontinyèlman nan prezans Bondye (Sòm 16:11) epi l'ap nan yon kominyon pafè avèk Bondye ak ti Mouton an (Revelasyon 22:3-5).

- Se yon plas kote laglwa Jezi ki se Kris la pral eklate nan tout abondans li (Jan 17:24).

Jou retou sa resevwa plizyè non diferan tankou: "Jou Seyè a", "vini Pitit Lòm nan" (Matye 24:27), "vini Seyè a" (1 Tesalonisyen 4:15; Jak 5:7, 8), "lè Jou pa Bondye a rive" (2 Pyè 3:12) epi yo dekri li kòm kòmansman yon tan jijman pou limanite ak rekonpans pou disip fidèl yo (Ezayi 2:2-4; 24:21, Danyèl 2:44, 7:13-14, Sòm 24, Amòs 5:18, Zakari 8:3, Matye 26:64, Mak 14:62, Lik 22:69, Travay 1:9-11).

Pou etid sou Dezyèm vini Kris la:
Matye 25:31-46,
Jan 14:1-3,
Travay 1:9-11,
Filipyen 3:20-21,
1 Tesalonisyen 4:13-18,
Tit 2:11-14,
Ebre 9:26-28
2 Pyè 3:3-15,
Revelasyon 1:7-8,
22:7-20.

- La a, kwayan an ap kontinye grandi nan tout bagay ki rann li sanble ak Jezi ki se Kris la, paske li pral konnen li menm jan li ye a (1 Jan 3:1-2).

- Se yon kote ki plen ak sentete. Pa gen okenn peche, enjistis oswa sa ki mal (Ezayi 35:10; Revelasyon 21:27).

- Tout kreyasyon an ap fè louwanj li pou tout tan, y'ap bay Jezi ki se Kris la lonè ak glwa (Revelation 5:13).

Jezi te di disip li yo orevwa pandan ke li t'ap fè yo konnen ke ta pral prepare yon plas espesyal pou ke li rete avèk disip li yo pou tout tan (Jan 14:2-3).

Lanfè a

Èske lanfè a se yon fab oubyen li egziste an reyalite?

Bib la anseye ke tout desizyon ke moun pran nan lavi sa a genyen konsekans etènèl. Malgre kwayans ki komen ke moun yo kapab genyen se ke yo kapab rann kont devan Bondye apre lanmò, Pawòl la anseye ke pa gen anyen ki fèt nan lavi sa a ki kapab chanje apre lanmò.

Letènite se yon bagay ke tout èt imen yo pral fè eksperyans, se pou yo sove nan Kris la, Mizilman, Boudis, ate, oswa nenpòt ki lòt kwayans. Verite a se ke pa gen okenn moun ki gen kontwòl tout bagay oubyen kapab chanje sa ki dwe pase apre lanmò.

Pou etid evènman fiti yo:
Jenèz 18:25,
1 Samyèl 2:10,
Sòm 50:6,
Ezayi 26:19,
Danyèl 12:2-3,
Matye 25:31-46,
Mak 9:43-48,
Lik 16:19-31; 20:27-38,
Jan 3:16-18, 5:25-29, 11:21-27,
Travay 17:30-31,
Women 2:1-16, 14:7-12,
1 Korentyen 15:12-58,
2 Korentyen 5:10,
2 Tesalonisyen 1:5-10,
Revelasyon 20:11-15,
22:1-15,
Matye 22:37-39, 27:34,
Women 12:1-2,
1 Korentyen 6:19-20,
9:24-27.

Bondye revele ke tout moun ki fè espre lè yo rejte gras ki bay lavi ki pap janm fini atravè Seyè a kondane tèt yo pou lavi etènèl yon kote nan soufrans ki rele "lanfè" (Matye 23:33; Mak 16:16; Jan 3:17-19).

Menm jan avèk "syèl la", lanfè se yon kote reyèl epi konkrè. Pawòl ke Jezi te itilize pou dekri kote sa a kote Bondye pral lage lènmi l yo rele jeyèn. Nan liv Revelasyon an, kote sa a dekri tankou yon lak dife ak souf (Revelasyon 21:8).

Kontrèman ak blag ke yo souvan ap tante fè sou koze lanfè a, yo dekri Satan kòm wa kote sa a, li menm ki pral pran tout plezi li pou l touman lòm, Pawòl la di kote sa a rezève espesyalman pou Satan ak tout demon l'yo: *"Lè sa a, yo pran Satan ki te alatèt yo, yo jete l' nan lètan dife ak souf la, menm kote yo te deja jete bèt la ak fo pwofèt la. Yo pral soufri anpil, lajounen kou lannwit pou tout tan"* (Revelasyon 20:10).

Se pa volonte Bondye pou èt imen yo gen fen sa a, men yo kondane tèt yo nan rejte òf delivrans Jezi ki se Kris la. Sèl fason pou debarase de destine final doulè ak lanmò sa a se aksepte Kris la kòm Sovè yo nan lòd pou ke non yo enskri nan Liv Lavi a:

"Apre sa, mwen wè yon gwo fòtèy blan ak moun ki te chita sou li a. Sièl la ak tè a pran kouri devan l', yo disparèt nèt ale. Apre sa, mwen wè tout moun ki te mouri yo, gran kou piti, kanpe devan fòtèy la. Yo louvri yon bann liv. Apre sa, yo louvri liv ki gen non moun ki gen lavi yo. Yo jije tout moun mouri yo dapre sa yo te fè, dapre sa ki te ekri nan liv yo. Lanmè a renmèt tout moun mouri ki te nan fon li. Lanmò ak kote mò yo ye a renmèt tout mò ki te nan men yo. Yo jije tout mò sa yo dapre sa yo te fè. Apre sa, yo jete lanmò ansanm ak kote mò yo ye a nan letan dife a. (Letan dife sa a, se li menm ki dezyèm lanmò a). Tout moun ki pa t' gen non yo ekri nan liv ki gen non moun ki gen lavi a, yo jete yo nan letan dife a tou" (Revelasyon 20:11-15).

Seyè a te bay gras Sali a pou tout mond lan, epi li nesesè pou okenn moun al pèdi nan lanfè, sa a se mesaj espwa ke tout moun yo bezwen tande.

"Apre sa, Jezi di yo: Se poutèt sa, pa kite dòmi pran nou, paske, nou pa konnen ni ki jou, ni ki lè sa va rive" (Matye 25:13).

Kisa nou te aprann?

Legliz Nazareyen an kwè ke Bib la anseye ke Jezi pral vini pou jije vivan yo ak moun ki mouri yo. Nan vini li a, tout moun ki te mouri yo pral resisite ak yon kò transfòme. Li pral rekonpanse pitit gason fidèl li yo ak pitit fi li yo nan pran yo nan yon kote pou jwi lavi ki pap janm fini an nan prezans li, yo rele kote sa syèl. Pou moun sa yo ki te rejte li, yo pral jete yo yon kote ki gen soufrans ki pap janm fini ansanm dyab la ak move lespri yo, yo rele li lanfè.

Leson 8 - Kisa Bib La Di Osijè De Avni An?

Aktivite yo

ENSTRIKSYON:

1. Nan pwòp mo pa w yo, eksplike ki moun sa yo ki kounye a ki dwe fè pati de Wayòm Bondye a epi kilès ki lènmi li yo?

___

2. Nou te etidye ke dezyèm vini Kris la kapab rive nan nenpòt ki moman ... E si li te rive semèn sa a? Fè yon lis bagay sa yo ou bezwen fè nan pwòp vi ou semèn sa a pou prepare pou dezyèm vini Kris la.

___

3. Fè yon lis bagay ou bezwen fè pou ede fanmi ou ak frè w yo nan legliz la, pou yo prepare yo pou dezyèm vini Senyè a.

___

4. Ekri non moun ki tou pre ou e ke ou asire w ke si yo mouri, yo pral nan lanfè. Lè sa a, pran tan lapriyè nan klas epi aprè sa a, fè jèn pandan yon jou epi priye pou ke nan semèn sa a sa Bondye itilize lavi ou pou moun sa yo kapab sove.

___

Evalyasyon Final

KOU: PRENSIP POU LAVI KRETYÈN NAN

Non elèv la: _____
Legliz oswa sant kote ou etidye: _____
Distri: _____
Pwofesè kou a: _____
Dat evalyasyon sa a: _____

1. Eksplike ak pawòl ou yo kòman kou sa a te ede ou apresye doktrin Legliz Nazareyen an.

_____
_____
_____
_____

2. Montre kèk sijè nan kou a ki te itil pou kwasans ou nan lavi kretyèn nan.

_____
_____
_____
_____
_____

3. Ekri youn oubyen plizyè kesyon ke ou te genyen nan lespri w epi ki tou reponn atravè kou sa a.

_____
_____
_____
_____

4. Ki sa ou te aprann nan pratik ministeryèl kou a?

_____
_____
_____
_____

5. Nan opinyon ou, kijan kou sa a ta ka amelyore?

_____
_____
_____
_____

Bibliyografi

Clarke, Adam. *Comentario de la Santa Biblia III (Kòmantè Bib III a)*. Kansas City, Casa Nazarena de Publicaciones: 1974.

Dunning, H. Ray. *Grace, Faith and Holiness*. Kansas City, Beacon Hill Press: 1988.

Grudem, W. *Teología Sistemática* (Tomo I) [Teyoloji sistematik (Volim I)]. Miami, Florida, Lavi: 2007.

Legliz Nazareyen an. Manyèl Legliz Nazareyen 2007-2021.

Leonard, Gay. *Artículos de Fe. En que creen los Nazarenos y porqué (Atik Lafwa. Sa Nazareyen yo kwè e poukisa)*. Kansas City, Nazarene Publishing House: 2009.

Marshall, I. Howard, Millard, A.R., Packer J.I. and D.J. Wiseman. *New Bible Dictionary*. 3rd edition, Intervarsity Press: 1996.

Mastronardi, Mónica. *Lo que creemos los nazarenos (Ki sa nou kwè nou menm Nazareyen yo)*. San José, C.R. Legliz Nazareyen, Rejyon MAC: 2002.

Purkiser, W.T. *Explorando Nuestra fe Cristiana (Eksplore Lafwa kretyèn nou)*. Kansas City, Nazarene Publishing House: 1988.

_____ *Creencias para la Vida (Kwayans pou lavi)*. Kansas City, Nazarene Publishing House: 1964.

Purkiser, W.T, W.T. R. Taylor, W. Taylor. *Dios, hombre y salvación (Bondye, moun ak delivrans lan)*. Kansas City, Nazarene Publishing House: 1991

Riofrío, Víctor. *Teología Sistemática I. (Módulo del estudiante) [Sistèm Teyolojik I. (Modil elèv)]*. San José, C.R. Asosyasyon CNMAC: 2003.

_____ *Teología Sistemática II. (Módulo del profesor) [Sistèm Teyolojik II. (Modil Pwofesè)]*. San José, C.R. Asosyasyon CNMAC: 2003.

Taylor, Richard S., Willard H. Taylor y J. Kenneth Grider. *Diccionario Teológico Beacon (Beacon diksyonè Teyolojik)*. Kansas City, Nazarene Publishing House: 1995.

Vine W.E. *Diccionario expositivo de palabras del Antiguo y Nuevo Testamento exhaustivo de Vine (Diksyonè Ekspozitif pawòl nan Ansyen ak Nouvo Testaman)*. Nashville, Tennessee, Karayib: 1999.

Wiley Orton. *Introducción a la teología cristiana (Entwodiksyon nan teoloji kretyèn)*. Kansas City, Beacon Hill Press: 1976.